詩探しの旅

四元康祐
Yasuhiro Yotsumoto

日本経済新聞出版

目次

詩探しの旅

旅のはじまり

谷川俊太郎さんの名代

「四元さん、僕の代わりにマケドニアに行ってみない?」そう言ったのは、詩人の谷川俊太郎だった。古都ストゥルガで開かれる国際詩祭に招待されているのだが、都合がつかないのだという。それが表向きの話で、実は僕に世界の詩人たちと交流する機会を与えてやろうという配慮だったこと、そしてその国際詩祭とやらが、半世紀以上の歴史を誇る格式高いもので、パブロ・ネルーダやW・H・オーデンなど、超有名詩人たちが参加してきたものであることを僕が知るのは、ずっと後の話だ。

当時の僕は四十代半ばで、ミュンヘン在住。駐在員として二十年以上勤めた日本の製薬会社を辞めると決めた直後だった。詩人としての活動と二股をかけるのが、時間的にも精神的にもきつくなってきて、しばらく詩の方に専念してみようと思ったのだ。詩祭への出席は、その出発に向けての、谷川さんからのはなむけだった。

ストゥルガへは、妻と幼い二人の子供とともに、自ら車を運転して行った。オーストリア、スロベニア、クロアチア、セルビア、そしてコソボ自治区。ユーゴ内戦の終結からほんの数年しか経ってなくて、地には地雷が埋まり、日本の外務省からは渡航注意が出されていたが、夏の休暇旅行を兼ねたのだ。

ストゥルガはアルバニアとの国境近くの、大きな湖の畔《ほとり》にある、美しい古都だった。詩祭は白亜のコンサートホールで幕を開けた。僕は自分の詩を日本語で朗読し、土地の俳優がそのマケドニア語訳を読み上げる。翌日には参加詩人一同、大統領府へ。若い実業家風の大統領と談笑、記念撮影。それから市内各所での朗読会と討論会といくつもの賞の授賞式。この詩祭に合わせて谷川俊太郎のマケドニア語詩集が出版され、僕は名代として彼の詩を朗読した。マケドニア王国の古代遺跡への観光ツアー。毎度の食事とワインと踊りを経て、他の詩人たちと知り合ってゆく。詩と聖と俗が烈《はげ》しく混ざり合った詩祭のフィナーレは、川の両岸に犇《ひし》めく数千名の聴衆に向かって、橋の上からの朗読会。それが僕の詩探しの旅の原点となった。

マケドニア　ストゥルガ

絶滅危惧種たちの美酒

　中学二年で中原中也の詩に出会って以来、詩歌の魔力の虜《とりこ》になってはきた。だが本格的に詩を書くようになったのは、二十代半ばで米国へ移住してからだった。戯れに英語で書いた詩を、自ら日本語に訳した刹那、ふたつの言語の隘路《あいろ》の向こうに、ちらりと詩の姿が見えたのだ。言葉の鱗《うろこ》を纏《まと》う前の、生白い詩の裸体が。

　それから憑《つ》かれたように詩を書き出したが、大岡信と谷川俊太郎というふたりの巨人を除いては、日本の詩人と知り合う機会がなかった。ずっと米国やドイツにいたからだ。かといって外国の詩人との付き合いもなかった。いつも日本語で書いてきたからだ。いわば一人きりの孤島で書いていては、瓶に詰め、誰にともなく波間に投ずるようなものだった。

　だから四十代半ばにして、初めて国際詩祭なるものに参加した時には、右も左も分からなかった。一体どんな人々が観客としてやってくるのか。どんな詩人がどんな詩を読むのか。そもそも詩や詩人という絶滅危惧種が、世界の各地でどうやって生き延びているものなのか。二〇〇四年、マケドニアで開かれたストゥルガ国際詩祭は、その実態を垣間見る最初の機会だった。

コロンビアからやってきたという娘がいた。黒曜石のような目をした美人で、そのスペイン語の朗読は喝采を浴び、数日後には若い詩人と恋に落ち、新人賞をかっさらって帰っていった。

老師の風格を漂わせている銀髪のアメリカ人がいた。参加詩人全員で彼を囲み、詩についての教えを賜《たま》わった。隣にいた詩人に、あれは有名な人なのかと訊くと、相手は仰《の》け反《ぞ》った。

「ピュリツァー賞も貰っている、米国で一番エクセレントな詩人だよ」

素っ頓狂な叫び声を放つイギリスの男がいた。長くウィーンに住んで、翻訳業の傍ら、音声パフォーマンス的な詩を、書くというよりは演じているのだと言った。

彼らはみんな詩人なのだった。そして土地の人々は、その言葉を美酒のように味わっていた。様々な言語の響きの音楽を、翻訳越しの意味で割って。

マケドニア　ストゥルガ

仏教・エコロジー・蕪村

二〇〇四年八月。マケドニアの古都、ストゥルガ。生まれて初めて参加する国際詩祭で、右も左も分からぬ僕ではあったが、数日もすると顔見知りができてきた。そのひとりがフィオナ・サンプソンだった。

すらりとした英国人女性で、まだ娘らしさが残っている。東欧の詩に特化した文芸誌「オリエント・エクスプレス」を主宰していて、この詩祭には取材もかねて参加しているという。不思議な詩を書く人だった。具象と抽象、感覚と哲学が複雑に入り混じっている。人の心ではなく、それを成り立たせている世界そのものを言葉で捉えている感じだ。

聞けば元々は王立音楽アカデミーを出たヴァイオリン奏者。途中で進路を変えてオックスフォード大学で言語哲学を学ぶ。その頃から詩を書き始めた。地方政府の委託を受けて、刑務所の服役囚に詩の書き方を教えたりもするのだそうだ。
その後フィオナは英国の代表的な詩誌「ポエトリー・リビュー」の編集長を務め、今では三十冊もの著書を持つ大詩人となったが、なるほど詩人というものは、こんな高性能の知能と精妙な感覚を備えた者がなるべきものかと、僕は我が身を省みて、うなだれたものだった。

周囲から畏敬の視線を集める銀髪の老詩人は、W・S・マーウィン。ピュリツァー賞も受賞した米国の桂《けい》冠《かん》詩人。話してみるときさくな人で、同行の奥さんも交えての世間話に花が咲いた。

仏教とエコロジー運動に深く関わり、マウイの広大な敷地に自ら植えた森のなかで暮らすその生き方と、その詩の深い精神性について知ったのは、文字通り後の祭り。その後直接会う機会のないまま、二〇一九年に九十一歳で亡くなった。

だが詩は時空を超越する。昨年、思いがけず彼の短詩に出会った。

I release fireflies
inside my mosquito net
oh joy!

W・S・マーウィン、連東孝子共訳
Collected Haiku of Yosa Buson（2013）より

元は蕪村のこの句だという。

蚊屋の内にほたるはなしてア、楽や

マケドニア　ストゥルガ

大統領府に招かれて

東洋の詩人の原型的なイメージは、奥の細道を歩く芭蕉や、唐の時代の風狂の僧、寒山《かんざん》のように、浮世を棄てた隠遁《いんとん》の賢者という趣きだが、西洋のそれは民族の声の代弁者、時には精神的な指導者として仰ぎ見られる存在だ。イスラエルの民を率いてエジプトを脱出し、神から十戒の記された石板を授かった預言者モーゼあたりが原点のひとつだろうか。

その伝統は現代にも生きていて、西洋の詩は現実に深く関わる傾向がある。夏目漱石が『草枕』の冒頭で「西洋の詩になると、人事が根本になるから（略）正義だとか、自由だとか、浮世の勧工場にあるものだけで用を弁じている。いくら詩的になっても地面の上を馳《か》けてあるいて、銭の勘定を忘れるひまがない」と見抜いている通りである。

二〇〇四年、マケドニア・ストゥルガ国際詩祭の二日目、参加詩人全員が大統領府に招待された。大統領は若々しい実業家風の男で、流暢《りゅうちょう》な英語を操って詩人たちと談笑し、次々と記念写真を撮っていたが、僕は少し離れて立っていた。その意味が分からなかったのだ。

するとと中国から来ていた詩人が、ほとんど無理矢理僕を大統領の元へ連れてゆくではないか。ハイ、チーズ。三人仲良く写真に納まった。

「どうだ、これで君も国際的な大詩人の仲間入りだ」彼は満面の笑みを浮かべてそう言った。どうやら本気のようだった。

彼は上海の共産党幹部だった。隣国のアルバニアに新華社の支社があり、その特派員たちを引き連れてベンツでのお出ましだった。

「君はよくあんなことに付き合えるな。見ているだけで吐き気がする」

そう言ったのはベトナム人の亡命詩人だった。ベトナム共産党の迫害を逃れて長くドイツで暮らしているのだった。「仲間の詩人たちは牢獄に入れられるか、鬱になるか、アルコール依存症になるかで、みんなダメになった。俺は一党独裁を絶対許さない」

白い顎鬚《あごひげ》を生やした痩せた男だった。詩も大して面白くはなかった。だが彼とは長い付き合いになった。

現代のリルケ

マケドニア　ストゥルガ

　その時僕は家族と砂浜にいた。ヨーロッパで最も古い湖と言われるオフリド湖。マケドニア・ストゥルガ国際詩祭の最終日に朗読をする橋の下を流れる川は、ここから隣国アルバニアを通り抜けてアドリア海へと注ぎ出す。湖上には観光船が行き交い、ティーンエイジャーの息子と娘は水遊びに興じていた。

「初めまして。ニコラ・マジロフと申します。あなたの詩の朗読、とてもよかったですよ」

　そう話しかけてきたのは、黒いズボンに白いシャツ、坊主頭のいかにも学徒という感じの青年だった。水着姿で寝そべっていた僕と妻の前に、長い膝を折って窮屈そうにしゃがみ込んだまま、首都スコピエに住んでいるが、この詩祭の手伝いに来ているのだと彼は言った。

　その後、会場で顔を合わすたびに短い言葉を交わした。参加詩人が湖の畔《ほとり》の教会へ観光に出かけた時には、彼も同行して、原始キリスト教の壁画を案内してくれたりもした。

「君も詩を書いているの？」

表情や仕草、言葉遣いの端々から、なんとなくそんな気がしたのだ。果たしてニコラは、そう訊かれるのを待っていたかのように、バッグから紙の束を取り出すと、僕に向かって差し出した。

「よかったら、読んで貰えますか？」

マケドニア語で書いた十数篇の詩を自ら英訳したものだった。ミュンヘンに戻ってから読んで、驚いた。詩祭で出会ったどの詩よりも、詩人として生きる覚悟を感じさせる作品だったからだ。

私は一個の乞食《こじき》である……
わが身のあらゆる傷痕から
真実が迸《ほとばし》る。……
私が呼吸をやめると
わが鼓動ひと際高く鳴り響く。

その数年後、ニコラは『移転された石』という詩集を発表し、大きな賞を受けた。アーティスト・イン・レジデンスとして国から国を転々としながら、辺境の一詩人から「ヨーロッパの詩人」へと成長してゆく姿は、現代のリルケのようだった。

セルビア

並行世界の浮遊感

ドイツからオーストリアへ行くのは、広島から山口へ行くようなものだ。言葉も同じだし、ユーロになってからは通貨も同じ。違いと言えば高速道路に制限速度があって、有料になることくらいか。

だがオーストリアからスロベニアへは、国境の検査を受けねばならない。言葉もスラブ系特有の乾ききった、それでいて夢の中の囁きのようなやさしい響きを帯びてくる。クロアチアへ入ると異国情緒はさらに濃くなる。料理には赤い香辛料が使われ、男はがっしりと大柄に、女ははっとするほど美しい。

そしてセルビアに入ったとたん、文字が読めなくなる。どこもかしこもキリル文字だ。全くの別物ではなく、なまじBの上がちょん切れたり、Eがひっくり返ったりしているだけに、不思議な違和感がある。見慣れた世界の微妙なズレ。まるでＳＦの並行世界に迷い込んだかのようだ。

その感覚は、どこか詩を書いている時に味わう、あの独特の浮遊感に通じている。肉体は現実にありながら、言葉の触手だけで別の世界を弄《まさぐ》っているかのような。

生まれて初めての国際詩祭なるものに参加するため、ミュンヘンからマケドニアの古都ストゥルガへ行くのに、僕は敢《あ》えて陸路を選んだ。それも家族を道連れに、自らハンドルを握って。ユーゴ内戦の終結から間もない二〇〇四年夏のことだ。国境地帯には多数の地雷が残り、日本の外務省は渡航注意を促していた。

僕は詩に専念するために仕事を辞めたばかりだった。現実から詩への移行に、地理的な移動を思い重ねていたかもしれない。会社とは縁を切っても、社会や家族とは繋がったままで、詩の領土まで辿り着こうと。

国境手前で泊まった安ホテルには、難民の一家が住みついていた。どこから来たのか？　父親が僕らに訊ねた。母親と幼い子供たちがじっとこっちを見ていた。その目に僕らはどう映っていたのか。現実世界に行き場のない彼らを残して、詩探しの夢に憑《と》りつかれた男の家族は旅を続けた。

セルビア　ベオグラード

こんにちは、隣人

ドイツ・ミュンヘンからマケドニアの古都ストゥルガまで、家族みんなで車に乗って詩祭に出かける。そう決めた後、日本に一時帰国して本屋に行くと、一冊の本が目に飛び込んできた。吸い込まれそうな深いブルーと見開かれた切れ長の瞳の表紙。帯には「旧ユーゴスラビア。NATO軍による激しい空爆下で、帰国を拒み詩作をつづけた一人の女性の、胸をうつエッセイ集」。そんな人がいたのか、と思わず手にとった。今回の旅は、スロベニア、クロアチア、セルビア、そしてコソボ自治州の脇を掠《かす》めてマケドニアへと、まさにその旧ユーゴを駆け抜ける旅なのだ。

山崎佳代子著『そこから青い闇がささやき』。初めて聞く名前だったが、読み終えた時には、この人に会ってみたい、と思っていた。一九七九年に国費留学生としてボスニアに来て以来、スロベニアを経てセルビアに在住、現在ベオグラード大学教官と書いてある。今でもそこにいるのだろうか？　チャンスは僕らがベオグラードを通過する一日だけだ。見込み薄だとは思えたが、戦時下の異国で、命懸けで詩を書いてきた人に会っておくことは、華やかな詩のお祭りに参加すること以上に大切なのではあるまいか。

セルビアのホテルに到着すると、短髪で華奢《きゃしゃ》な体つきの東洋人女性が僕らを待っていた。早口の日本語が迸《ほとばし》り出る。それが山崎佳代子だった。彼女は挨拶も早々に、僕らをとある事務所へ連れて行った。有無を言わさず、拉致するかのように。

「ズドラボ・ダ・ステ」。スラブ語で「こんにちは、隣人」という名前の難民支援ＮＧＯ。ユーゴ内戦のさなかに発足したそのグループに、山崎さんは詩人として参加しているのだった。代表を務める女性心理学者とその娘さんに紹介される。活動の背景や内容の説明を、山崎さんは僕の子供たちにも分かるように通訳してくださった。夕食を共にし、ホテルまで送り届けてもらったとき、彼女は言った。「明日はみんなでニシュの難民センターへ行きましょう」

セルビア　ベオグラード

言葉と現実の緊張関係

ドナウに雨が降り注ぎ
橋の袂《たもと》の古書店にて
男の国の声が語る
悪しき者どもが
弱き者を搾取する
法律の無きに等しい
僕の国には希望がない
まじめな民が黙々と働く
あなたの国は良い国だろう

セルビア在住の詩人、山崎佳代子の近作「ベオグラード、黒海へ」の書き出しである。マケドニアの詩祭に向かう途中、ベオグラードで会った初対面の僕を、彼女は難民を支援するNGOに連れていった。ユーゴ内戦の終結からまもない夏のことだ。

冷戦の終了とソビエト崩壊の結果、多民族国家ユーゴスラビア連邦も解体し、民族間に対立と憎悪が生まれた。昨日までの隣人が敵となり、多くの人々が故郷を追われ、果ては大量虐殺が始まった。

NATO軍による空爆が始まっても、山崎さんはセルビアに留まることを選んだ。ある日バスに乗ると、フロントガラスに一篇の詩が貼り付けられていた。なんと自分がセルビア語で書いて雑誌に発表した作品の切り抜きだったという。

山崎さんは詩を書く傍ら、ユーゴ各地から命からがら逃げ延びてきた人々の、心のケアに携わっていた。目の前の小柄な女性のなかで、言葉と現実がぎりぎりの緊張関係を切り結び、詩が血のように滴り落ちている。その事実に僕は圧倒された。

男の国の言葉で
東の女が囁《ささや》く

私の国もひとしく悪しき国
ざわめく駅のホームでは
蜜柑色の近距離電車に
誰かが身を投げると
迅速に遺体は処理され
取り返しのつかないほど
魂は冷やされて消し去られ
果物も野菜も実らない都会に
自分の顔を失った人々が群がる

セルビア　ニシュ

芸術以前の生

目の前に一枚の絵がある。竹製の額縁、段ボール紙のキャンバス、どれも手作りだ。画面には一本の樹、油絵具の上に本物の葉っぱや実が貼り付けられている。根っこには小さなカタツムリの殻も。額の上にはマジックで、「Zdravo Da ste! Niš」。裏には二人の少女の名前。Zdravo Da ste! はセルビア語で「こんにちは、隣人！」、ベオグラード在住の詩人山崎佳代子が参加している難民支援のＮＧＯである。Niš はセルビアの都市ニシュ、ベオグラードから南下してマケドニアへ向かう途中に位置する。山崎さんは、初対面の僕ら家族を、難民センターに連れて行ったのだった。

手作りの樹の絵を観ていると、あの夏の日が蘇ってくる。郊外の森の外れにぽつんと建っている元ホテルの建物。薄暗いロビーで、興奮気味に出迎えてくれた子供たち。穏やかな笑顔を浮かべる母親や老人。遠くから鬱屈《うっくつ》に満ちた眼差《まなざ》しを向けるだけの男たちもいる。彼らはユーゴ内戦の戦火に追われ、故郷から逃げ延びてきた人たちだった。

「もう十年以上ここにいる人もいます。出ていく場所がないんです。アルコール依存や自殺が深刻です」山崎さんが耳元で囁いている。

その向こうから、みんなの声が響いてくる。詩を読んでいるのだ。

「今読んだ言葉を、身体の動きで表してみてください」山崎さんが今度はセルビア語で呼びかける。

樹になって風に揺れている人がいる。翼を広げて大空を舞う人も。その表情から、大人と子供の区別は消えている。誰もが独りきりになりながら、みんなと分かち合っている。

そこには詩のもっとも原初的な姿があった。言葉を通じて、言葉では語りえない心に到り、それを全身で表現するだけで、人はみな詩人なのだった。そのとき詩は、文学や芸術である以前に、生そのものだった。

Zdravo Da ste! の活動にはその後も何度か参加したが、その度に、詩を書くのではなく、詩を生きることを僕は学んだ。

セルビア　ニシュ

言葉とからだの回路

マケドニアの詩祭へ向かう途中、ユーゴ内戦で国を追われてきた人たちと一緒に、詩を声に出して読み、全身で表現し、絵に描いた。難民、とりわけ子供たちの魂の傷を癒《いや》すために心理学者と詩人が立ち上げたNGO「こんにちは、隣人！」の活動に、期せずして参加することになったのだ。小学生だった僕の息子と娘も一緒だった。

NGOの中心メンバーである詩人の山崎佳代子さんが、セルビア語の詩を日本語に訳してくださったので、なんとか意味は分かったが、それを身体で表現するとなると途方に暮れた。説明的なパントマイムもどきか、珍妙な踊りのごときものになってしまう。言葉で入ってきたものを、言葉になる以前の感覚に引き戻して、そこに身を委ねようとするのだけれど、言葉とからだの回路を開くことは難しい。自分の詩が、いかに頭でっかちであるか思い知らされた。

子供たちは軽々と、そして夢中でそれを成し遂げている。思春期の我が息子と娘も、照れたり反発するかと思いきや、馴《な》れた様子で混じっている。それもそのはず、彼らはドイツで毎日詩を朗読したり、踊ったりしているのだった。

十九世紀の思想家ルドルフ・シュタイナーが創設した学校に、ふたりは幼稚園から通っていた。小学校に上がると、毎年ひとりひとり先生から「自分の詩」を貰う。内気な子にはのびのびと広がるお日様の光の詩、落ち着きのない子には大地に聳《そび》える大樹の詩というふうに。一年かけてそれを心と体に刻み込む。オイリュトミーといって言葉と感覚と身体を一体化させた「運動芸術」も必修科目となっている。

自分のことが知りたかったら
ほかの人をごらんなさい
ほかの人を分かりたかったら
自分の心を覗《のぞ》いてごらん

ある年の息子には、そんな言葉が贈られていた。シラーの詩の一節らしい。クラスでただひとりのアジア人だった息子は、自分の殻にこもりがちだったようだ。

文字通りの母語

ドイツ　ミュンヘン

息子と娘は、平日はシュタイナー学校に通い、土曜日には日本語補習校に通っていた。日系人の子供が、日本語で授業を受けるのだ。

デュッセルドルフやフランクフルトと違って、ミュンヘンの補習校には駐在員よりも、永住している家族の子弟の方が多かった。その多くがドイツ人の父と日本人の母のもとに生まれた子供たちで、彼らにとって日本語とは、家庭のなかでお母さんと話すためだけの言葉、つまり文字通りの母語なのだった。

　息子は途中で辞めてしまったが、娘は通い続けた。ガブリエラちゃんと仲良くなったからだ。彼女の母は日本人で、父はベネズエラ生まれのドイツ人。娘とガブリエラちゃんはドイツ語でおしゃべりする。先生が日本語補習校では休み時間も日本語で喋りましょう、といっても直らない。

だったら家で遊んでいればよさそうなものだが、ふたりは律儀《りちぎ》に日本語補習校へ通い続けた。ドイツ語で喋っていても、そこには平日のドイツ社会にはない、日本的ななにかがあったのだろう。それを共有することで、自分自身の居場所を探していたのかもしれない。

娘が卒業した後も、僕は補習校にちょくちょく顔を出した。詩のワークショップを開いていたのだ。母の言葉をほかのみんなと分かち合うのに、詩はぴったりの器だった。

いとけなきなれがをゆびに
かいならすねはつたなけれ
そらにみつやまとことうた
ひとふしのしらべはさやけ

三好達治の「ことのねたつな」を暗唱したりした。習い始めの琴の音そのままに、発音はつたなく、意味も取れなかったが、何度も繰り返すうちに、調べはいとけなき者たちの心身に染み込んでゆく。

もののふはよものいくさを
たたかはすときとはいへど
そらにみつやまとのくにに
をとめらのことのねたつな

達治はこの詩を戦争詩集に含めているが、ミュンヘンに響くその日本語は、無垢《むく》そのものだった。

セルビア　スメデレボ

停電の町で

便器に座っていると灯りが消えた。闇のなかで手探りで紙を探し、尻をぬぐった。到着した翌朝だったが、停電はもう二回目だ。

セルビアの古都スメデレボの詩祭に来ていた。二〇〇五年秋のことだ。六年前のユーゴ空爆で破壊された発電所が、まだ本格的に復旧していないのだった。部屋にいても暗くて寒いので、参加詩人たちは日当たりのいい食堂に集まって来た。

停電は直らず、昼食にはパンを齧《かじ》った。詩祭の主催者に猛然と文句を言うイスラエルの女性詩人。埒《らち》が明かないとみると、憤然と別のホテルへ移っていった。スペインで大学教授をしているというふたりの詩人は、持参したリオハワインを優雅に飲んでいたが、それが空になるやさっさと国へ帰ってしまった。

詩祭というものに何を求めるか、しいては詩をどう捉えるのか、人それぞれだと知った。ロシアの青年詩人が、おもむろに鞄《かばん》のなかからウォッカの罎《びん》を取り出し、留まることを選んだ詩人たちに回した。みんな腰の据った飲みっぷりだった。それもまた詩の宴《うたげ》なのだった。

その夜、彼と僕はあるレストランに招かれた。若いカップルを中心に、土地の人々が集まっていた。婚約記念パーティだという。肉が焼かれ、酒が交わされ、歌と踊りが始まる。それがごく当たり前のことであるかのように、彼らは見知らぬロシアと日本の詩人をもてなしてくれた。ぼくらはそれぞれの国の言葉で歌を歌って返礼とした。

みんなとても楽しそうだった。奢侈《しゃし》ではないが、身なりもきちんとしていた。だがその背後に、国を引き裂かれた人々の、どんな苦しみや貧困が潜んでいるのか、僕には知る由もなかった。

マヤという女性が住所をくれて、お国に帰ったら手紙を頂戴、と笑った。喜んで、と僕は約束した。だがその約束は果たせなかった。翌年再び訪れてみると、マヤは自殺したよと告げられた。ベッドの上で自らの胸を撃ち抜いたのだそうだ。空爆の遠い谺《こだま》のような銃声が、詩の宴に響きわたった。

セルビア　スメデレボ

共同体の魂の奥底

二〇〇五年のセルビア・スメデレボ詩祭。ＮＡＴＯ空爆の名残で、宿舎の停電が直らないというので、詩人たちは市内のアパートに移ることとなった。誰の家なのか分からないけど、本棚にぎっしりと蔵書が並ぶ、知的で静謐《せいひつ》な部屋だった。寝室もふたつあって、ロシアから来た青年詩人がルームメイトになった。

彼の名はアレクセイ・ショロホフ。無口で大柄だが甘い顔立ち。入念に梳《と》かした長髪と純白のスーツ。どこか夢見るようなその目を閉じて、彼は長大な詩を暗唱してみせた。セルビア人の聴衆は熱狂した。彼らにはロシア語が分かるのだ。もちろん僕には分からない。でも彼の詩がいささか古風で、個人の理性よりも、共同体の魂の奥底を韻律で揺すぶるようなものだとは察せられた。かつての日本の和歌のように。

アレクセイの朗々たる詠唱が掻き立てるのは、近代国家の枠を越えた大スラブ民族の絆のごときものではなかったか。ユーゴスラビアという理念の「連邦」を内戦で引き裂かれ、空爆で打ちのめされたセルビアの人々には、その陶酔が必要だったのだろう。だがそれは、反米的な民族主義にもなりかねない。

朗読会の後のリセプションで、僕が少年時代を広島で過ごしたことを知ったある文芸評論家は、「諸君、ここには、ヒロシマとモスクワからの詩人がいるのですぞ」と叫んで、僕とアレクセイの肩をがっしりと摑むのだった。何をか言わんや。その晩は、ラキヤと呼ばれる強い酒を飲み過ぎた。

ルームメイトとしてのアレクセイは、毎日の身支度に恐ろしく長い時間をかけた。鏡の中の自分から目が離せないようだった。そのナルシシズムもまた、彼自身を越えて、ロシアの広大な地と、長い歴史に根差しているかに思われた。

彼がようやく浴室から出て来た後に入ってみると、床はびしょびしょで、便器には大蛇がまっすぐ横たわっていた。僕はおののき、やがて笑い始めた。その日の彼の朗読は、いつになく美しい哀切を帯びていた。

日本　静岡

言語も国境も越えて

連詩という言葉がある。連歌でも連句でもなく、連詩。上句下句とか、花の座とかのルールはないけど、ひとつの座を囲んだ詩人たちが即興で連ねてゆく、その精神は変わらない。

二〇〇三年十一月、現代版連詩の創設者、大岡信が主宰する「しずおか連詩の会」に招かれた。連衆《れんじゅ》は小池昌代とオランダから来たヘンク・ベルンレフとウィレム・ファン・トールン。大岡さん以外はみんなこれが初体験だ。

初日の前夜、知事を囲んだ夕食会を終えて、ホテルの部屋に引き上げる段になって、大岡さんから発句ならぬ発詩を指名された。その夜の眠りの浅かったこと！

本当ですか、オランダ語には

「水平線」を意味する単語が四つもあるというのは
ランボーの見たスマトラの海、北斎の見た駿河の海
ヴィーナスの下腹のように
わたしたちの眼下で言葉の水平線が上下している

発句は連衆への挨拶なり、という宗匠の教えに従って、オランダからの客人を迎えてみせた。

低地の国では空を背景にして人はいやに大きく見える
ここ山間の地では
人は死後に新しい名前をもらう

とウィレムは互いの風土をよみこんだ。翻訳者の近藤紀子さんを中心に、全員で訳文のニュアンスを検討する。大岡さんは日本語の決定稿を大きな巻紙に毛筆でしたためてゆく。小池さんいわく、「言葉が山脈の連なりにみえ」てくる。詩というものが、言語や国境を越えた自然物として、自分の外に在るということを、初めて実感した。会社を辞めて、詩に専念しようかという思いがふと胸をよぎった。

終盤近くの、ヘンクの三行。

年取った詩人が　更新するようにと言われた
彼の物書き小屋の窓から
生まれたばかりの仔馬《こうま》がもがいて立ち上がろうとしているのが見えた

僕の詩と生活にも、大きな変化が立ち上がりつつあった。

フィンランド

二日酔いの雅な調べ

眼には言葉が溢《あふ》れ
少し離れたところから手が触れる
空っぽの部屋で喜びはためらう。
こうして友情はやってくる。
広がる。存在する。

カイ・ニエミネン（大倉純一郎訳）

二〇〇三年、「しずおか連詩の会」に招かれた。当時は大岡信が中心となり、毎年海外の詩人も参加していた。その年はオランダの詩人だったが、二年前にはフィンランドの詩人が参加していたではないか。たまたまヘルシンキに行く用があったので、連詩の翻訳を務めた大倉純一郎さんに連絡をとってみた。

長く当地に住んでいる大倉さんは、僕を八十キロほど離れた深い森のなかへ連れて行った。そこに詩人の家があった。陶芸家の奥さんの竈《かまど》があり、裏には馬がいた。氷雨のなかで、馬たちは緑のシートを纏《まと》っていた。

「それでは宴《うたげ》へと参りましょう」もじゃもじゃの髭面《ひげづら》から、流暢《りゅうちょう》な日本語が流れて来た。カイは詩人にして日本文学翻訳者。吉本ばななも訳しているが、ライフワークは『源氏物語』で、そのせいか彼の日本語は古風な平安調なのだった。

カイと大倉さんは親友だった。そして初対面の僕にもその友情を開いてくれた。食事が終わっても宴は続いた。言葉よりも沈黙の方が多い宴だったが、その沈黙は暖炉の炎のように暖かかった。木苺《きいちご》の実で作った蒸留酒の罎《びん》が空になった頃には、真夜中をとうに回っていた。

翌朝、ふたりは昼頃まで起きてこなかった。僕はひとりで森の中を歩いた。馬は同じ場所で同じように立っていた。暗く沈んだ落葉と小石の色が、無限の諧調を奏でていた。

ようやく起きてきたふたりは、濃い紅茶を淹《い》れ、黒いパンに酢漬けの魚を載せて食べ始めた。ほとんど誰も喋らなかった。その味を噛みしめていると、自分の生活（と詩）に欠けているものがはっきりと見えて来た。別れ際、髭の詩人は、雅な日本語で、「二日酔いは Krapula と申します」と教えてくれた。

フィンランド　ヘルシンキ

深い眠りのうちに

「この部屋でアイルは亡くなったんです。ちょっと横になると言って、そのまま深い眠りのうちに――」

ヘルシンキ在住の詩の翻訳家（にして日本語教師）大倉純一郎さんのお宅を訪れていた。フィンランド人の奥さんとふたりの娘さん、そして大きな犬が迎えてくれた。

アイルとはニルス＝アスラク・ヴァルケアパー、サーミの詩人である。サーミ族はトナカイ遊牧民として、北欧三国を自由に往き来しながら暮らしている。つまり国境に囚《とら》われず、移動につれて国籍も変わる。その詩は本質的に口承詩であり、正書法を持たない。その代わり、ヨイクと呼ばれる朗誦《ろうしょう》歌の伝統がある。アイルはそのサーミを代表する詩人であり、ヨイクの名人でもあった。

二〇〇一年、アイルと大倉さん、そしてフィンランドの詩人カイ・ニエミネンは、晩秋の日本を訪れた。大岡信が主宰する連詩の会に参加するためだ。雄大な富士の裾野で日本の詩人たちと詩を分かち合った。

母なる地の向こうがわ
習慣《くせ》もちがい、言葉もちがう
けれど　頬はいつものお馴染《なじ》み

日本からの帰路、アイルはヘルシンキの大倉さんの家で一休みした。彼は当時ノルウェイの奥地に住んでいたのだ。あのアイルが来ているというので、大勢の人が集まって来た。みんなと談笑した後で、アイルは二階の部屋にあがっていった。そしてそのまま、スーッと向こう側へ。

生命の音が聞こえるかい
渓流の轟《とどろ》きの中に
突風の中に

これがわたしの言いたいことのすべて
　これがすべてだ

アイルの詩には雪や北極ギツネやオーロラのさやぎが満ちている。人の心もそれに混じって鳴っている。自我を脱ぎ捨てた、無垢《むく》の調べで。
静岡の連詩で彼が最後に書いたのは、次の三行だった。

出発する　到着するために。
遠くに行く、近くにあるために
きみの心の。

（アイルの詩の引用はすべて大倉純一郎訳による）

ノルウェイ　トロムソ

定住者の支配

サーミ族を代表する詩人アイルことニルス＝アスラク・ヴァルケアパーとは二年の差で会い損ねたが（彼の葬儀にはフィンランドの大臣まで駆け付けたそうだ）、その数年後、僕はもうひとりのサーミ詩人と出会うことになる。

ノルウェイ・トロムソ。かつては極地探検の基地となった場所である。時は十一月、真昼でも太陽は地平すれすれで、夜には町の上にオーロラが揺らぐのだった。薄暗い地下のバーに大勢の若者たち、真ん中にはマイクが一本。ここでは誰でも自分の詩を朗読することができるのだ。

隣に座っていた若い女が出て行って、ノートの切れ端を手に読み始めた。ぼそぼそとした口調。まばらな拍手。戻って来た彼女に訊くと、サーミ語で書いた詩で、ノルウェイ語の翻訳と一緒に読んだという。その場で英語に訳してくれた。

みんな、ちゃんと暮らしてる
髪の毛も歯並びもきれいで
カッコいい恋人がいて
すっごくいい気持の
セックス、明けても暮れても
セックス、わたし以外の
誰もがみんな

思わず笑ったが、話しているうちに、その詩にひそむ怒りと悲しみが見えて来た。

彼女の名はマリー・アイロニエイダ・ソムビー。サーミ族の詩人にして闘士。部族にとって神聖な木を伐採から守るために、兄は警官と闘って刑務所に入れられた。北米先住民やインカの末裔《まつえい》と連帯し、日本のアイヌとも連絡を取っているという。

この世界は定住者が支配していて、遊牧民は息も絶え絶えだ。そのことと、詩が肉声と韻律を失い、活字に閉じ込められていることとは無縁ではないだろう。日本の現代詩なんてその最たるものだ。

あなたの名前が
オーロラの光に包まれて
絹のドレスみたいに
風に靡《なび》いている

別れ際、いきなり抱きしめられた。相当酔っていたのだろう。

日本　熊本

炎にくべる魂

二〇一〇年、熊本で連詩を巻いた。メンバーは谷川俊太郎、伊藤比呂美、覚和歌子、そしてジェローム・ローゼンバーグ。ジェロームは米国現代詩の大御所で、北米先住民の口承詩の権威である。カリフォルニアの伊藤さんの家の真向かいに住んでいる。

僕らが日本語で書いた詩は英語に、ジェロームが英語で書いた詩は日本語に、逐次訳しながら進めてゆく。外国の詩人と連詩を巻くときには翻訳が成否の鍵を握るといっても過言ではないが、この時は大船に乗った気持ちでいられた。気鋭の日本文学研究者、ジェフリー・アングルスがその役を務めてくれたからだ。

ジェフリーは子供の頃から日本に興味を持ち始め、高校時代に下関にホームステイして日本語を習得、その後米国の大学でもっぱら日本の現代詩を研究・翻訳してきた。日本語と英語の詩の行間の、微妙なニュアンスを即時にそしてきめ細かく説明してくれて、まるで相手の言語が自分の母語のように思えてくる。

おかげで詩人も聴衆も大満足だったが、その間一番働いたのはジェフリーだった。なにしろ一週間近くの連詩の間、彼だけは片時も休む暇がないのだから。それでいて、彼自身は常に無私な媒介者に徹していた。その透明の背後で、どんなドラマが生まれつつあったか、僕らには知る由もなかった。

連詩が無事終了したあと、みんなで阿蘇神社に祭事を観に行った。数日後、ジェフリーから意外な告白が。

「生まれて初めて、日本語で詩を書きました。みなさんの詩を訳していて、抑えられなくなったのです」

萱《かや》束に火を点《とも》す
燃えついたら
結んだ縄で振り廻《まわ》す
炎が弧を描き始める

「火振り神事」と題された詩はそう始まり、こう結ばれている。

突然　一直線の弾道に
ひとりで闇の中を飛び
火だるまになり
散らばる火花に
燃え尽くすのを
待っているだけ

それは異国の言葉の炎に魂をくべた、彼自身の姿でもあっただろう。

ニカラグア　グラナダ

ヒップでクールな「骨」

二〇一〇年、熊本連詩を共に巻いたジェローム・ローゼンバーグと、その五年後思わぬところで再会した。ニカラグアの古都、グラナダ。米国詩壇の大御所らしく、大使館から車と通訳が差し向けられていた。

熊本連詩の終わりに阿蘇神社で火振りの神事があり、それが連詩の翻訳を務めた若き日本文学研究者ジェフリー・アングルスの、日本語詩人として誕生の場となった。グラナダではジェロームがゴムホースを頭上で振り回し、風の音をビュンビュンさせながら詩を朗読した。丸い地球の裏と表を繋いで、ふたつの回転がひとつに重なり、虚空に詩の共和国が立ち現れる。

そのジェロームが、中原中也を英訳したいと言ってきた。自分は日本語が読めないので、助けてほしい。八十をとうに超えているのに、なんという旺盛な好奇心、そして実行力！

またぬかるみを歩いている
泥まみれになるまで
また始める
でももう息が切れている

熊本でジェロームはそう詠んだが（訳はジェフリー）、一向に衰える気配はない。彼は北米先住民の口承詩の研究家でもあるから、野性の精霊の力を借りているのか。中也の詩にも、それに通じるアニミズムの息吹が満ちている。

代表作をいくつか選び、直訳と注釈を用意した。中也の詩は音楽性も大切だから、ローマ字で発音も表記した。発表のあてもない、純粋な遊び、二人だけの超ミニ詩祭。贅沢《ぜいたく》な話だ。

Look at this, it's my bone,
a tip of bone torn from its flesh,
filthy, filled up with woes,
it's the days of our lives

sticking out, a blunt bone
bleached by the rain.

「ホラホラ、これが僕の骨だ、／生きてゐた時の苦労にみちた／あのけがらはしい肉を破つて、／しらじらと雨に洗はれ、／ヌックと出た、骨の尖《さき》。」で始まる中也の「骨」は、ジェロームの魂と口を通過することで、こんなヒップでクールな英詩に生まれ変わった。

オランダ　ロッテルダム

日本担当の編集者に

二〇〇四年夏、マケドニアの詩祭に行くのを機に、二十二年勤めた会社を辞めた。辞表を出した途端、背中から重しが外れて、宙に浮かびそうな解放感に包まれた。でもその背中はうそ寒かった。とんでもない間違いを犯しているんじゃないか。

詩に専念するとは言っても、朝妻や子供たちを送り出して机に向かうと、昼前には書けてしまうのだった。

あとには長い無為の午後ばかり。それに耐えることが、詩人としての本職なのだとも思ったが、世間的にはただの失業者だ。それも異国で。

「手にてなす　なにごともなし」「あゝ　こころうつろなるかな」

少年の頃から愛唱していた中也の詩句が、妙に不気味に響いてきた。

なにかルーティンがないと精神的にきついなあと思っていた矢先、オランダ・ロッテルダムからの手紙が東京経由で舞い込んできた。当地の詩祭では、世界各国の現代詩を紹介するウェブ雑誌を出している。日本担当の編集を引き受けてくれないか？　この詩祭に参加したことのある大岡信・谷川俊太郎の許《もと》に届いた手紙を、僕に回してくださったのだ。「君、ヒマだろう？」

早速サイトを覗いてみると、AのアフガニスタンからZのジンバブエまで百近い国の名前が並び、それぞれ代表的な詩人とその作品を原語と英訳、ときには朗読の音声ファイルもつけて紹介している。確かにそこに日本の姿はなかった。

僕が住むドイツのミュンヘンからロッテルダムまでは飛行機で一時間ちょっと。事務所を訪ねて、詳しい話を聞いてみよう。

詩祭ディレクターのバス、ウェブ雑誌編集長のコリーヌ、IT担当のヤン、そしてアシスタントのマルローが会ってくれた。

詩人と作品を選び、英訳者を手配し、著作権をクリアし、紹介文を書いて、システムに入力する、というのが主な編集作業だった。

「資金は各国の文化庁からの助成で賄《まかな》ってほしい」とバス。「いや、手弁当でなんとかするよ」と僕。なにしろヒマだけはあったのだ。

オランダ　ロッテルダム

詩祭の生みの親と鰊

ロッテルダム中央駅から通勤電車で二十分ほどの郊外だった。小さな庭のある数軒続きの家のひとつで、屋内は外から見るよりも広く、奥深い。マーティン・ムーイは、テラスのテーブルに冷たいビールと食パンと酢漬けの鰊《にしん》を並べた。僕がナイフとフォークを使おうとすると、優しく制して、鰊の尾を指で摘まみ、喉を反らすように空を仰いで、垂直に口の中へ降ろしてゆく。

「これが正しい鰊の食べ方だよ」

車椅子の奥さんが、夏至の太陽を浴びながらそれを見ていた……。

この小柄な老人が、ヨーロッパで最も古くて格式のある詩祭のひとつの生みの親だった。

ロッテルダムに、バベルの塔が
生えている　空爆を逃れて
雨の空へ伸びてゆく

一九七九年の参加詩人のひとりだったアレン・ギンズバーグは、「For Martin Mooij」と題した詩をそう始めている。その詩にはたくさんの国名が登場するが、なかにJapaneseも入っている。同じ詩祭に、白石かずこも参加していたのだ。その白石さんは、「チューリップの耳」という詩の中で、マーティンのことを「ゴッホの耳のような人」「詩人の耳をした男」と呼び、第二次大戦中「疎開先田舎のガキ大将に／川の薄く張った飛び石みたいな氷の上を歩かせられた」彼の記憶を語っている。

オランダ風の昼食を終えると、マーティンは僕を書斎に招き入れた。壁には額装された大きな墨書がかかっていた。「本当の事を云おうか／詩人のふりはしてるが／私は詩人ではない」で有名な、谷川俊太郎の詩「鳥羽１」の全文だった。異国で見る谷川さんの肉筆がやけに懐かしかった。

マーティンは僕を欧州各地の詩祭や出版社に紹介してくれたが、その心遣いが、白石さんをはじめとする日本の詩人たちへの友情に根差しているのは明らかだった。

その数年後奥さんが亡くなり、詩祭が四十五年目を迎えた二〇一四年には彼自身も逝った。詩の宴に捧げ尽した一生だった。

オランダ　ロッテルダム

生と死の二律背反

詩を書く時、人は生きていない。時間の外に立って、半ば死者の眼でこの世を見ている。そうでなければ詩は書けない。逆に生きているときは、行為に打ち込んでいるので、詩なんか書いている暇はない。

生身の詩人は、誰しもこの二律背反を背負っている。中原中也は生を犠牲にして詩を書いたが、宮沢賢治は農民と共に生きることに賭けた。詩はその抜け殻に過ぎなかった。

僕は二兎《にと》を追った。結婚して、子供を育て、会社で働き、そういう生の丸ごとから、詩を搾り取ることを夢みた。詩人気取りの詩人を軽蔑していた。ちなみに僕の第一詩集の原題は『日本経済新聞への脚注』である（後に『笑うバグ』と改題）。

四十半ばでいったん会社を辞めたのは、その二律背反に耐え切れなくなったからだろう。子供たちは十代前半だったが、もう手はかからなかったし、妻は仕事を再開した。生の重しを外して、僕は身軽になり、詩の気球にのって世界各地の詩祭を渡り歩いた。

詩祭とは奇妙な場所だ。普段は活字でしか知らない詩の背後から詩人が姿を現し、同じ飯を食い、寝起きを共にする。その束の間だけは、生と詩が一致することになる。なにしろ朝から晩まで、詩を読んだり書いたり訳したりしているのだから。まさに詩の桃源郷である。

でもそれは砂漠の蜃気楼《しんきろう》だ。祭の後には、孤独はむしろ深くなる。下手したら詩祭の社交に入り浸り、詩を失うことにもなりかねない。

関連するウェブ雑誌の日本担当エディターとなったため、ロッテルダム詩祭には十数年にわたって、毎年参加してきた。夏至が来るたびに、懐かしい面々と再会する。彼らとともに世界中からの詩人を迎える。誰それが結婚し、子が生まれ、ときに世を去る。互いの生と詩（と死）を同時に分かち合っている。

いつの間にか、そここそが自分の本当の故郷に思えてくる。それもまた蜃気楼なのだろうか。だとすれば、この世そのものが夢か幻。

オランダ　ロッテルダム

オランダで聞くまど・みちお

海外旅行をしていて同胞たる日本人と出くわすと、互いに照れ臭そうな顔を浮かべる。旅の夢のなかから、現実に引き戻されるからだろう。

ストゥルガの詩祭に参加しているとき、会場のロビーに日本人の夫婦が入ってきた。夫は髭《ひげ》面《づら》でふたりともリュックを背負っていた。「これは何をやってるんですか?」「詩祭です」と答えるとびっくりした様子で、「僕も詩人です。福間健二と言います」

第一詩集を出したのがアメリカにいた時で、そのままドイツへ移住したものだから、日本の詩人はほとんど知らなかった。あとで調べてみると著名な先輩詩人だった。

日本の現代詩の最先端を切り開いてきた吉増剛造や野村喜和夫、いまは国際基督教大学の学長を務めている岩切正一郎とも、最初に会ったのはロッテルダム詩祭だった。そこには照れ臭さも気恥ずかしさも皆無だった。かといっておらが村サの懐かしさも感じなかった。目の前にいるのは、日本人である前にひとりの詩人。そこは、言語も人種も超えた詩の共和国なのだった。

白石かずことロッテルダムで会ったときは、素直に懐かしかった。それまで世界各地で出会っていたからだ。詩祭の若いスタッフは高齢の白石さんを実に優しくいたわり、白石さんもすぐに彼らの名前を覚えて、母娘のようにお喋りしていた。足取りは覚束《おぼつか》ないが、舞台に上がると朗々と声を響かせ、自作の詩を筆書きした巻物を宙に翻すのだった。

若い詩人の田口犬男と一緒だったときのこと。日本に住んでいるベルギー人詩人が当地の文学賞を受賞し、そのセレモニーがある、君たちふたりも参加してくれと言う。

ヨハン・ローレンスという男で、認知神経科学を専門にする九州大の教授でもある。彼を挟んで犬男と三人舞台に並び、ヨハンがオランダ語に訳したまど・みちおの詩を朗読した。

太陽
月
星
（中略）

ああ　一ばん　ふるいものばかりが
どうして　いつも　こんなに
一ばん　あたらしいのだろう

日本　福岡

21世紀のファウスト

あなたや私のような蛋白質《たんぱくしつ》の
文脈と意味論が
心臓と膵臓《すいぞう》を象《かたど》っている
肝臓と死を

ゆっくり進化する亀

ゆっくり進化する痛みの歓《よろこ》び

あなたと私のような…

ロッテルダム詩祭で一緒にまど・みちおの詩を朗読したベルギー詩人ヨハン・ローレンスと、去年福岡で再会した。彼は長年認知神経科学者として九州大で研究していたが、数年前からは新設された「共創学部」の副学部長を務めている。

文理の壁を超えた領域横断的なアプローチで、自ら設定した課題の解決に取り組む、新しい大学教育の実現の場だという。だとすれば、ヨハンほどそれにふさわしい男はいないだろう。なにしろ数か国語を操りながら、科学と詩、欧州と日本という異質な世界を束ねるように生きて来たのだから。今はその中心に「教育」という柱が聳《そび》えている。

ゲーテの『ファウスト』は、医学や法学から哲学や神学まであらゆる領域を究めてきたのに、表層的な知識が増えるばかりだと嘆く大学者ファウストの話。「世界をそのいちばん奥深いところで束ねているものは何か（柴田翔訳）」という彼の問いは、今日ますます切実さを増しつつある。科学や技術があまりにも細分化された揚句《あげく》、私たちの世界観は暗黒の中世に逆戻りしたかのようだ。

その問いの答えを求めて、ファウストは悪魔メフィストに魂を売り渡したが、ゲーテ自身は、ばらばらになった部分を全体へと統合するものこそ、詩の力だと信じていたに違いない。

俳句の二物衝突やシュルレアリスムの詩法に見られるように、詩は一見無縁なもの同士を結び付けることで世界を蘇らせる。

複数の〈存在する〉が、私達の夜に
すべての全体性を覆いつくす
屋根を与えてくれる

二十一世紀のファウストが日本の国立大学にいるなんて、ゲーテが知ったらさぞや驚くだろう。

(引用の詩はヨハンのBeing What It Is)

ベルギー　アントワープ

シャワー室での絶叫

ベルギーって不思議な国だ。首都ブリュッセルも含めて、南の方は小さなパリとも言うべきフランス語圏だが、北はオランダ語の方言であるフラマン語を話している。北方の冷たい合理と、ラテン世界からやってきた夢想が、斑《まだら》に入り混じっているかのようだ。

オランダとの国境に近い港町、アントワープでの詩祭に招かれた時のこと。文芸家協会などからの正式な招待ではなく、ルーマニアで知り合った若い詩人に誘われただけだった。着くと古いアパートに案内された。倉庫のような居間には、画布に黒焦げのトーストを貼った「絵」や、スター・ウォーズのマネキン人形が雑然と並んでいた。あてがわれた寝室にはマットレス一枚、壁には赤い下着とぼろぼろのウェディングドレス。アーティストたちの共同工房らしい。風呂もシャワーもないので、階下の一家で貰い湯をする。

Nacht van de Powezie（詩の夜）と題された詩祭は、廃墟《はいきょ》のビルで行われた。壁がタイルで覆われていて、独房のような小部屋が並んでいる。かつての公衆浴場で、小部屋はシャワー室なのだった。そこに二百人ほどが集まって、明方《あけがた》まで音楽と詩の競演が繰り広げられた。現代音楽とパンクを掛け合わせたような電子音楽。詩人もテキストを読むというより、声でパフォーマンスを演ずる方が多い。

薄暗い迷路のあちこちで複数のプログラムが同時並行してゆく。誰の手にも負えない混乱が、むしろ興奮と熱狂を掻き立てる。隣の部屋から響いてくる大音響に掻き消されまいと、咽喉も裂けよと絶叫する詩人（僕だ）。まるで真夜中の学園祭だが、参加しているのは老若男女、幅広く揃っている。

一九一六年、スイス・チューリッヒの「キャバレー・ヴォルテール」で繰り広げられた一夜も、こんな感じだったのだろうか。ダダイズムが誕生した歴史的瞬間だ。近代合理性の呪縛を脱ぎ捨て、原始の混沌と偶然の力に身を委ねるディオニュソス的狂乱の祝祭。ここではそれが、文化的な遺産ではなく、詩人たちの生々しい現実として息づいている。現在が過去へと逆流し、伝統が刷新される現場を垣間見た。

ベルギー　ゲント

知性と情熱が声になる

歌と詩と幻想に満ちたアントワープの元銭湯での一夜に僕を導いたのは、フィリップ・メアズマンという若い詩人。ゲント出身のベルギー人だが、初めて会ったのはルーマニア。主催者がいかさま師まがいのやり方で参加詩人から金を毟《むし》り取ろうとする悪名高い詩祭だったのだが、窮地に陥ると、却《かえ》って結束が強まるというもの。知らぬが仏の詩人たちは肩を寄せ合い助け合い、深い友情が芽生えたのだった。

なかでもフィリップは性格温和で礼儀正しく、それでいて朗読は迫力満点のパフォーマンスだったので、たちまち一座の人気者に。同行の白石かずこもすっかり惚《ほ》れ込み、「日本の詩人たちに見せてやりたいわね」。

その朗読というのが、頭のてっぺんからクリンケルン、地獄の底から這い上がるかのようにゲーゼルング、疾風怒濤のヴィンケルンと、全身を楽器のごとく奏でつつ、やがてはクリイイイイイシュシュシュシュシューエンド、バン！クラン！ディンゲロンホムコム!!　巻き舌と破裂音の渦巻く絶頂へ。

　意味を拒絶したダダイズム的音声詩かと思いきや、実はベルギーのフラマン語詩人たちの名前や詩句を読み込んだ、先達へのオマージュだという。狂気を孕《はら》んだ情熱と醒《さ》めた知性とが融《と》け合った、まさにベルギー的詩精神。聞けば子供の頃から声を出すのが大好きで、発声練習の塾に通っていたとか。

　フィリップは僕を故郷ゲントの詩祭にも招いてくれた。こちらの会場は中世の女性の駆け込み寺的修道院。元警察官だという彼の父親は、鋭い眼光の大男だったが、詩祭を取り仕切る息子の晴れ姿を優しく見守っていた。息子はブリュッセルのEU本部に勤めるブルガリア女性と結婚し、二人の子供を育てる傍ら、何年もかけて古代詩についての博士論文を仕上げ、一昨年待望の英訳詩集『きっとどこかに青がある』を出した。歳月の実りの味わい。収録の「人生の本」の一節。

深い海のブルーの
ページを捲り僕は僕の帆を揺らす

帆にはまだ誰にも言ったことのない物語が
こっそりと刺繍《ししゅう》されている

ルーマニア

正太の頬杖

運営のひどい詩祭ほど、詩人同士は盛り上がるというパラドックス。悪夢のルーマニア某所で、ベルギーのフィリップに劣らず一座の人気者となったのが、ジョージアから来ていたShotaだった。苗字《みょうじ》はLatashviliだが、僕と白石かずこさんにとっては「正太」。空き時間にいきなりパントマイムを始めると、抱腹絶倒、忽《たちま》ち人だかりの輪ができる。ひょろりと背が高く、頬骨の出た顔は、メイクなしでもピエロの印象。悲し気に頬杖をつく仕草が似あう。それが演技ではないだけに、いっそう笑いを誘うのだ。

正太が詩を書き始めたのは一九九〇年。ソビエト崩壊のあとの激動の日々。西側の文化が一気に流れ込んでくるなかで、若い芸術集団が次々と生まれた。正太は最初劇団に参加し、やがて詩やエッセイを書き始める。その後首都トビリシで毎朝数時間、ラジオのパーソナリティも務めるようになった。

今夜、寝る前に
僕を暗記すること
次の朝、目を覚ましたら
僕を復唱してごらん

正太の詩はその人柄通り、明るいペーソスに満ちている。だがその背後には、詩人としての社会的な役割を引き受けることへの覚悟がある。

もしかしたら僕は一篇《いっぺん》の詩
もしかしたら僕は一人の男
もしかしたら僕は一本の竹

正太と出会って三年後の二〇〇八年夏、ロシアがジョージアへ侵攻した。トビリシの街を走り回っている正太の姿が目に浮かんだが、メールで無事を確認することしかできなかった。そ

れからさらに十年ほどして、彼は僕をジョージアに招いてくれた。美しい庭園のある文学館には、近代の詩人や作家たちの肖像写真が所狭しとかかっていた。
「彼らは全員ソビエトに処刑されたんだ」こともなげに正太は云った。泣き笑いのようなあの表情で。正太の詩「僕を暗記せよ」はこう結ばれる。

僕を暗記するんだ
でなきゃ僕を引っ叩いて――
僕は気にしないから

ボスニア　サラエボ

狙撃兵と頭上の鳥

サラエボ発ミュンヘン行の飛行機は二時間遅れだった。小さな空港の、がらんとした待合室に、僕らは所在なく座っていた。

「あの滑走路の先に敵がいたんだ」セナディン・ムサベゴヴィッチがぽつりと言った。「僕らはちょうどこの辺りで、互いに銃を向け合っていた」

セナディンは土地の詩人で、大学で社会学を教えている。一九七〇年生まれだから、ボスニア紛争の時は二十代前半だった。それから十数年経っても、街中にはいたるところに弾痕が残り、丘の斜面には真っ白な十字架がぎっしり立ち並んでいた。

そこにはもうひとり連れがいた。アラブ系の詩人で、よほど重要な人物なのだろう、詩祭の間は行く先々で聴衆に囲まれ、身辺警護の若者たちに付き添われていた。だが今、彼はひとりだった。長旅で疲れているのか、口数は少なかった。
詩祭の間、つきっきりで通訳をしてくれたセルマという女子学生は、英語が完璧だった。そういうと「内戦で難民となって、国外生活を余儀なくされたから、自然と身に付いたんです」と笑った。だがその戦争で父を亡くしたことを打ち明けたのは、数日間を共にしたあとだった。「瓦礫《がれき》のなかを父の死体を探して歩き回った日以来、私はどんな夢も見なくなってしまいました」

敵の狙撃兵が狙い撃ちを始めた
僕は地面に身を伏せるが
そこからもサラエボは見えている
鳥が一羽頭上を飛んでゆく
女の髪の毛先のように僕の頬を撫《な》でながら
（セナディン・ムサベゴヴィッチの詩集『祖国の成熟』より）

ようやく搭乗が始まり、僕たち三人はそれぞれの目的地へ帰っていった。
数か月後、ＣＮＮのニュースを観ていたら、パレスチナで詩人の国葬が営まれている映像が流れてきた。夥《おびただ》しい群衆だ。元パレスチナ解放機構（ＰＬＯ）の幹部で国の英雄だという。大統領は三日間の服喪を決めた。マフムード・ダルウィーシュ、あのアラブ系詩人だった。

イスラエル

荒野のオリーブ

そこがどこなのか、皆目分からなかった。言葉も通じないし、文字も読めない。おまけに一文無しだ。

テルアビブ空港に着いたのが真夜中で、両替する暇もなく迎えの車に乗せられて、二時間ほど走っただろうか。暗い山の斜面の、寝静まった集落の、民家の一室をあてがわれた。

翌朝目を覚ますと、窓の外は一面の荒野だった。オリーブの木が疎《まば》らに生えていて、吹きつける熱風に身悶《みもだ》えている。外に出てみた。銀行はおろか、商店らしきものも見あたらない。路上には老人と子供ばかり。眼が合っても、誰も話しかけてこない。

部屋に戻って、水道の水を飲み、機内でもらったパンの残りを食べた。あとはひたすら待つだけだった。テレビもないので、窓の外を眺めて過ごした。オリーブの木は、髪を振り乱して泣き叫ぶ女を思わせた。必死で何かを訴えかけているようだったが、風の唸《うな》りしか聞こえない。

いつの間にか眠りに落ちていたらしい。目覚めると濃い夕闇がたちこめていた。外に出ると、若者たちがだべっていた。ビールを飲む身振りをすると、くすくす笑いながら立ち去り、やがて冷えたボトルを手に戻ってきた。ユーロの小銭を差し出しても、受け取ろうとしなかった。

しばらくすると別の若者がやってきて、一軒の家に案内された。ここで初めて英語が通じた。主人は退職した元高校教師だという。「君は早く到着しすぎたから、詩祭が始まるまで、この村で預かることになった」

妻が羊肉のビリヤニを持ってきてくれた。ため息がでるほど旨かった。酒の類は出なかった。戒律なのか。だが摘みたてのミントに熱湯を注いだだけの茶は、酒以上に芳醇《ほうじゅん》だった。

これが丸二日続いた。荒野のオリーブの叫びと孤独が、僕のなかに刻みつけられた。三日目になってようやく、そこがドゥルーズと呼ばれる宗教共同体の集落だと知った。道理でユダヤ教会堂のシナゴーグがないわけだ。ドゥルーズはイスラム教の一派だが、新プラトン主義を取り入れ、輪廻転生《りんねてんせい》を信じている。

イスラエル　マグハール

アラブの少女、ラップの熱唱

二日間放置された村の名前はいまだに不明だが、詩祭が開かれたのはマグハールという町だった。二万人余りの住民の半数以上がドゥルーズ派で、残りがキリスト教徒とイスラム教徒。ユダヤ教徒はいなくて、人種的にはアラブの町ということになるのだろう。

だが国家としてはあくまでもイスラエルだ。西に地中海、東にガリラヤ湖を控えた内陸地で、レバノン国境までは北へ数十キロ、東側にはシリアとヨルダンの国境が迫っている。イスラエルというのはユダヤ人だけの国で、アラブ人はヨルダン川西岸やガザ地区などのパレスチナ自治区に隔離されているのだと思っていたが、実際にはユダヤ人とアラブ人が、さまざまな宗教に跨《またが》って共棲《きょうせい》しているのだった。

だからこそ国内外の紛争が絶えないわけだが、こと詩祭となると、詩を通した民族間の友好といったようなことがテーマとして掲げられる。たとえそれが政府から助成金を貰うための建前に過ぎないとしても、マグハールの詩祭にはユダヤ系詩人が招かれていたし、以前参加したテルアビブの詩祭では、ユダヤ系詩人とアラブ系詩人が交互に朗読してゆくという趣向だった。僕のようにそのどちらでもない国の詩人は、彼らの和解と友好の証人という役どころだろうか。

テルアビブで鮮烈だったのは、アラブ人の少女二人組によるラップの朗誦《ろうしょう》だ。舞台に上がったときの雰囲気が、だらーんと脱力していて、ユダヤよりもアラブよりも、渋谷の路上にいる少女たちに近かった。でも歌い始めるとすごい迫力で、聴衆からはやんやの喝采。通訳に訊くと、「父さんはいつも怒っているし、兄貴は威張ってばかりだし、オンナノコはやってられないわよ」みたいな歌詞だと答えた。

マグハールに話を戻そう。詩祭の当日になって、続々とアラブ詩人たちが集まって来た。みんな陸路で、車は埃《ほこり》だらけだ。ゴラン高原を駆け抜けてきたのだという。ゴラン高原といえば物騒な戦場のイメージだったが、再会を祝い合う詩人たちはベドウィンの遊牧民のようだった。その中に、タハ・ムハマド・アリもいた。

イスラエル　ナザレ

何が嫌い？　誰が好き？

タハ・ムハマド・アリは、ナザレに住んでいた。そう、キリストが育った町だ。彼はそこで土産物屋を営んでいた。世界中からやって来た観光客がバスから降りてくる広場の近くの店だから、すぐに分かる。昼間はたいていタハが店番をしていた。がっしり広い肩の上に岩くれのようなごつい顔、だが眉骨の奥のまなざしは内省的な光を宿している。帳簿をつけている姿は、退役した大佐か老哲学者の佇《たたず》まいだ。

タハは一九四一年にガリラヤの丘陵地帯で生まれた。七歳の時、イスラエルの兵士に村を追われた。四次にわたる中東戦争と無数のパレスチナ紛争をかいくぐるように生きてきて、初めて詩を書いたのは四十歳の時だった。「頭蓋骨の罅《ひび》」という詩だ。詩の書き方も、欧米の現代詩も、独学で勉強した。五十二歳で最初の詩集を出した。タハの詩の特徴は、伝統的な修辞法を切り捨てた短く力強い日常語の使用と、村の生活を舞台とした私的なドラマと政治的な対立の交錯だ。

君のライフルの銃口を
僕の幸福に向けないでほしい
（中略）
信じてくれ。僕の幸福は
幸福とは何の関わりもないのだ

（「警告」より）

タハにはかつて結婚を誓い合った娘がいた。一緒に村の小道を辿りながら、娘は訊いた。「何が嫌い？誰が好き？」。だが運命は彼らの人生を引き裂いた。それから四十年ほど経って、ふたりはベイルートの空港で再会する。タハにはすぐに相手が分かったが、女には分からなかった。本当にタハなの？　突然、彼女はあの問いを繰り返した。「何が嫌い？誰が好き？」

タハは答えた。四十年前と一語一句変わらぬ言葉で。

「僕は別れが嫌いだ
好きなのは春、春へと続く小径だ
朝のうちのひと時を僕は崇《あが》める」
するとあなたは泣いた
そして花々は首を垂れ、鳩《はと》たちは
哀《かな》しみの絹の上で躓《つまず》いた

（「空港での出会い」より）

タハのことを過去形で書くのは、故人だからだ。この八月、北マケドニアの詩祭で彼を偲《しの》ぶことができた。

北マケドニア　ストゥルガ

谷川俊太郎の「き」

今年三月、北マケドニアの詩人ニコラ・マジロフから電話があった。十八年前、僕にとっては初めての国際詩祭で出会った、あの青年である。

「内密な話だが、今年のストゥルガ詩祭の金冠賞の候補にシュンタロウ・タニカワの名前が挙がっている。彼は授賞式に来てくれるだろうか？」

「無理だよ」と即座に答えた。「もう長旅はしないって公言している」

「うーん、困った」ニコラが唸《うな》っている。「授賞式は夏の詩祭の目玉だから、本人がいないことには……」

「ここ数年、各国の詩祭からの招待も辞退しているんだ。ところでニコラ、君は賞の選考に関わっているの？」

坊主頭でワイシャツ姿の、あの学生詩人が、今では北マケドニアの詩壇の中核的存在になっていた。

ニコラは諦めなかった。数日後再び電話があって「本人の代わりに息子のケンサクに来てもらえないか。彼はピアニストで、シュンタロウの詩に曲をつけているんだろう？」

四月には正式に受賞が発表された。過去の受賞者はオーデン、ネルーダ、ギンズバーグなど錚々《そうそう》たる顔ぶれ、日本人としては大岡信に次ぐ二人目だ。

ニコラは猛然と谷川俊太郎詩集の編集に取りかかった。既刊のマケドニア語訳詩集に新たな訳と、本格的谷川論を加えた四百頁《ページ》超の大著である。その様子を見ていると、選考委員として谷川さんを推したのは誰よりもニコラだったのだろうと察せられた。

八月下旬、谷川賢作はすでに決まっていたコンサートの出演をキャンセルしてストゥルガにやってきた。街中の公園には、受賞詩人たちの木々が生えている。その一画に賢作が新たな一本を植樹し、僕は俊太郎さんの「き」という詩を代読した。そういえば彼の受賞の言葉にはこんな一節が。

〈人の年齢を私は樹木の年輪の喩《たと》えで語るようにしているのですが、老齢にはその年輪の中心に向かう動きもあるようです。意味のある言葉とともに、喃語《なんご》のような脳とともに身体から生じる言葉、意味よりも存在そのものに触れる言葉を今の私は夢見ています。〉

北マケドニア　ストゥルガ

ヤー、詩の息子

谷川俊太郎が受賞したストゥルガ詩祭金冠賞の二〇二〇年の受賞者は、アミール・オアというイスラエル人だった。だがコロナで詩祭がオンラインとなったため、今年あらためて彼の授賞式も行われた。

アミールと初めて会ったのも、十八年前のここだった。以前彼はアキコという日本人女性と結婚していて、夫婦で谷川俊太郎の『女に』という詩集のヘブライ語版を訳していた。日本にも行ったことがあるという。家族で来ていた僕たちとはすぐに仲良くなり、詩祭の打ち上げの席で、一緒に「炭坑節」を歌った覚えがある。

彼はテルアビブで詩祭を運営していて、その後二度ほど僕を呼んでくれた。そのたびに彼の息子に会った。最初は五歳くらいだったか。アキコの面影を宿した繊細な少年で、父親よりも日本語がうまかった。朗読の合間に漢字の練習をしたりもした。

「息子にとって君は特別な存在なんだ」とアミールは云った。混血の少年の目に、僕は「日本語のお父さん」と映っていたのかもしれない。僕にはそんな少年が、「詩の息子」のように感じられるのだった。たしか彼の名前は……そう、Y'Aarだった。

「ヤーは元気かい？」久しぶりに会ったアミールに訊くと、「実は一緒に来ているんだ。びっくりするぞ」

幼い少年は二十一歳の若者に変身していた。髪の毛を長く伸ばして、サムライのように結っていた。僕のことを覚えていた。だが日本語はすっかり忘れていた。別居しているアキコともヘブライ語で話しているという。

詩祭の一夕は谷川俊太郎に捧げられ、古い教会のなかで、息子の賢作がピアノを弾き、僕が谷川さんの詩を朗読した。満員の聴衆の中にヤーの顔があった。一心にこっちを見ていた。僕はヤーだけに語りかけた。

終わった後、彼は興奮した面持ちで僕のところにやってきた。「聴いているうちに日本語が帰ってきた。分かったんだよ。〈さようなら、ぼくもういかなきゃなんない〉」谷川さんの詩にのって、幼いヤーの声が聞こえた。

北マケドニア　ストゥルガ

手を触れないでください

十八年前にマケドニアへ来たときは、ユーゴ内戦が終わってから三年しかたっていなかった。その後比較的平和な時代が続いたものの、今度はすぐ近くのウクライナの戦争だ。そういえば、今年はロシアの詩人が来ていない。やっぱりビザが下りないのか、と思っていると、ロシア語が聞こえてきた。

陳列ケースのなかの
なんとも可愛《かわい》らしいカップには
「手を触れないでください」の注意書き。
まったくその通り、触らぬ神に祟《たた》りなしだ

とガイドの男は思う。昔々連中が
あんなに可愛らしかったお姫さまの
ちっちゃなちっちゃな唇に手を触れたお陰《かげ》で、お姫さまは残忍な女王となって
自分の国をめちゃくちゃにしてしまったのだからなあ。

（「無題」全文）


ユリイ・セレブリアンスキイというカザフスタンの詩人だった。きちんとした身なりの物静かな男だ。詩人にして数か国語を操る翻訳者にして社会学者でもあるという。

「この詩のお姫さまって、誰？」

と訊いても、「ただの抽象概念です」と答えるだけだったが、帰国したあとで、律儀《りちぎ》に現代カザフスタンの詩の英訳集を送ってきてくれた。

詩祭の初日に紹介されたサランダ・メーメディは、一九九七年、紛争最中のマケドニアに生まれた。両親が隣国アルバニアの出身で、詩もアルバニア語で書くという。

人よりも樹木が好きだという繊細な人だった。詩を書くことで、この野蛮な世界に、自分の居場所を求めているような印象があった。サランダと話していると、なぜか東京の大学で詩を教えている若者たちのことが思い出された。「降る」と題された詩の一節。

わたしが降っている
くしゃくしゃに丸めた紙のように
頼りなげに
人の善良さを信じ
美術館のガラス細工の砕けた欠片で
目を洗ったわたし
時代ごとの脳のしわに沿って
精神の布を織っていたわたし
（略）
規格も名前もない
製品のような
わたしが

降り続けているのに、あなたはいう
ほら、時代が蹴躓《けつまづ》いてるよ、可笑《おか》しいねと

北マケドニア　ストゥルガ

現在に直結する「戦時下」

ストゥルガ詩祭では、ニコラやアミールのほかにも懐かしい顔があった。スロベニアの詩人、ブラネ・モゼテッチもそのひとり。彼は十年ほど前に詩人たちの相互翻訳ワークショップに僕を招いてくれた。

「やあ、久しぶり」と肩を抱き合うと「カズコは元気にしているか？」と尋ねてきた。そうだ、あの時は白石かずこも来ていたのだった。

一九五八年生まれのブラネは詩人、フランス文学翻訳者、詩書出版者にして詩祭主催者、そして同性愛者である。ＬＧＢＴ文学のアンソロジーを四冊編んでいる。

聞こえるかい、デイブ、外のあの音？　もしかして泥棒か。それとも爆弾？　おい、

起きろったら、デイブ。また戦争が始まって、また僕たち地下室に避難しなければならないのかも
（中略）
また音だ。たぶん、戦争じゃないと思う。ただ僕らの世界が真夜中粉々に砕けて崩れ落ちてゆくだけなんだ。デイブ、君のように善良な人々がすやすや眠っているとき、僕は物音に聞き耳をたてながら、びくびく怯《おび》えている。

（無題）

この詩を訳すと言ったら、「ちゃんと男言葉で訳してくれよ。これは戦時下における恋愛詩なんだから」と釘《くぎ》を刺された。ユーゴ内戦の際に書かれた詩のようだが、その「戦時下」は現在に直結している。

彼女は彼に粉ミルクを差し出すが彼が欲しいのは年増の乳房だ
彼女は彼にすり潰した果物を食べさせるが彼が食べたいのはすり潰した血と土くれ

女性の立場から男性原理の野蛮さを痛烈に告発したのは、スロベニア在住の北マケドニア詩

北マケドニア　ストゥルガ

人、リディア・ディムコフスカだ。

彼女は彼に犬を与える、かわいい小犬
彼女は彼に猫を買ってやる、子猫ちゃん
彼は彼女を殴って眼球を抉りだし
唾を飛ばして怒鳴りつける
俺はナチスだ！ナチスだ！ナチスだ！

「ペット」と題されたこの詩で、リディアは彼女と彼の関係を、個人と国家に重ねている。息子も夫も男主導の政府も、しっかり鎖に繋いでおけ、というバルカン女性からの警告。

北マケドニア　ストゥルガ

悲しいと苦しいは違うんだ

セス・マイケルソンと出会ったのは、湖のほとりの修道院で開かれた朗読会だった。のっぽで髭《ひげ》もじゃ、ぼろぼろのジーンズで、風狂の詩人かと思いきや、実はサバティカル中の大学教授、フルブライトを始め各種の学芸賞を総なめにしたインテリ詩人なのだった。

ヴァージニアの大学で、スペイン文学と詩の創作を教えているという。僕も東京の大学で詩を教えているよ、ただ日本の学生たちはシャイでね、授業では能面みたいに黙ってしまうんだ、と日米の学生事情にまつわる雑談になった。

「小中高時代から極度の管理下に置かれているんだよ。理不尽な校則に縛られて、まるで刑務所に入れられているようなもんだな」と言うと、なんとセスは「僕は実際に刑務所で詩を教えている」と言うではないか。「中南米から不法入国してきた少年たちが、凶悪犯用刑務所に入れられているんだ」

最初セスはひとりで刑務所を訪れて少年たちに詩を書かせていたが、やがて大学の教え子たちを連れてゆき、二人ずつペアを組ませて、少年がスペイン語で書いた詩を大学生が英訳するというプログラムを始めた。

「移民の少年たちは、アメリカに辿り着きさえすれば未来が開けると信じて命がけで何千キロも旅してくる。ところが国境についたらトランプの壁が聳《そび》えていて即逮捕、収監。皮肉なことにあれほど夢みたアメリカの日常を、彼らは一度も見ないまま鉄条網の内側に閉じ込められているんだ」

詩を介して大学生と接することで、少年たちは初めてアメリカを知る。その結果が『アメリカを夢みる――凶悪犯用刑務所に入れられた身分証明書なき若者の声』という本になった。それを実現したセスもすごいが、受け入れる刑務所側もすごいと思う。「涙」と題された無名の少年の詩の英訳から。

涙を流したからって
悲しいとは限らない
苦しいときだってあるんだ

悲しいと苦しいは
同じじゃない
苦しいは先に進めない
でも悲しいは
誰かの一言で消えうせる。
分る？
悲しいと苦しいは違うんだ。

中国　香港

香港と自由

香港の若い友人からメッセージが届いた。「僕の生徒たちに日本の詩の話をしてくれないか」彼は高校の教師なのだ。ズームで日本と繋ぐという。

お安い御用、と引き受けたあとで考えた。和歌と漢詩を両輪とする日本の詩歌から、明治以降、口語自由詩が誕生する過程について話してみようか。中国文明の影響下にありながら、西洋の文化を受容するという構図は、香港の近現代にも共通するものだろう。

だが待てよ、口語自由詩の話をするならば、当然自由民権運動にも触れねばなるまい。雨傘運動を始めとする大規模な抗議活動にも拘《かかわ》らず、二年前国家安全法が施行され、一国二制度が事実上廃止された現在の香港に生きる若者たちに、「自由」の一語はどう響くだろう？　すると友人からこんな追伸が。「昨今の政治の話題は避けて欲しい。生徒との質疑応答もない方が安全だ」

事務的な口調の陰に、友人の複雑な胸中が窺われる。講義の準備をしながら、僕は初めて彼に会った時のことを思い出していた。

二〇一九年十一月の香港。連日百万人規模の街頭デモが行われ、学生たちが大学構内に立てこもって命懸けの抵抗を続ける最中に、「言説と沈黙」と題された国際詩祭が催された。人々はデモの現場から詩祭に駆けつけ、そこから区議会議員選挙の投票に赴いた。そのどれもが自由を求める行為であり、恐怖や不安とともに希望を分かち合っていた。彼もその一人だった。まだ三年も経っていないのに、その希望はすでに夢幻と化してしまった。

講義の当日、体育館に二百五十名の高校生が集まった。みんな白い体操服を着て、白いマスクで顔を覆い、私語もなく整然と座っている。

「口語自由詩の自由とは、言語表現の自由であると同時に、精神的な自由でもありました」画面越しに僕が語り終えると、質問の手がいくつもあがった。だがそこに「政治的」なものはなく、文学や日本文化に関するものばかりだった。先生が危惧するまでもなく、彼らはみんな、悲しいくらいに分かっているのだ、と僕は思った。

中国　香港

傷ついた街を書く

二〇一九年十一月半ば、逃亡犯条例改正への反対を契機とする香港での民主化運動の最中に、一冊の小詩集が出版された。著者は洛楓（Lok Fung）、題名は『愛在創傷的城―Love in the City of Trauma』。表紙には地下鉄に乗る一組の男女のイラスト、地下鉄の行先は「冥府HELL」と描かれている。

国際詩祭の一環として行われたその詩集の発表会は、異様な熱気と緊張に包まれていた。そこに具体的な政治活動はなく、あくまでも文学を論じる集いであったが、駆け付けた聴衆にとって、その二つは切り離すことのできないものなのだった。著者自身が序文のなかで「わたしは傷ついた街について書く。（略）昨日この文章を書き始めたまさにその時、十代の少年が至近距離から警察に撃たれるという事件が起こった。抵抗の日々において、詩はいかに生き延びるための闘いに応えることができるだろうか？」と書いていた。

　洛楓は黒縁の眼鏡をかけた知的な印象の女性で、実際米国の大学で博士号を取り、映画批評や舞台芸術も手がけるインテリ詩人なのだが、その物腰は穏やかで気取りもなく、日本の女性詩人の誰彼を思い出させた。それだけに、彼女がいま文字通り命を賭けて詩を書いているという事実が、僕を圧倒した。その場に居合わせた人々のなかで、自分だけがただの傍観者だった。

　彼らのために、自分に何が出来るだろう？　洛楓が詩を朗読し、聴衆と質疑応答を交わすのを、英語の通訳を介して聞きながらずっと考えていたが、答えは見つからなかった。会のあと、彼女の前に立ったら、胸が詰まって言葉を失い、逆に慰められる始末だった。

この街の銃声は大きすぎる
催涙ガスはどこまでも噂を垂れ流し
ちぎれたロープで私の首を括《くく》って息を塞ぐ
感情はもはや何も手繰り寄せない
あなたの溶けたマスクを返しなさい
あなたの堕《お》ちた誓いを

（「滅びた街が狂気を装う」部分）

そうだ、ここにいなかった日本の人のために、彼女の言葉を伝えよう、と僕はひそかに胸に誓った。

中国　香港

書くことで立ち上がる

詩祭の最終日、香港の区議会議員選挙が行われた。民主化の行方を問う事実上の国民選挙と見なされていた。地元の詩人もスタッフも、朗読の合間を縫うように投票所へ駆けつけた。真夜中近くに詩祭の幕が閉じた後、ホテルの一室に関係者が集まって互いの労をねぎらった。北京から手伝いに来ていた若者と香港の若者が、肩を寄せ合うようにして、テレビの速報に見入っていたのが印象的だった。

翌朝、睡眠不足の目で僕らを見送ってくれた香港の人々の顔は歓喜に輝いていた。選挙の結果は民主派の圧勝だったのだ。戦いはまだ続く、と言いながらも、希望を抑えることはできない様子だった。

だがそのわずか七か月後、事態は一変する。二〇二〇年六月に国家安全法なるものが強引に施行され、「一国二制度」は事実上撤廃され、民主化運動は壊滅した。あの朝、固く手を握り合った詩人たちのある者は沈黙し、ある者は国外へ逃亡した。「自由」という言葉が、苦い呪詛《じゅそ》の響きを帯びた。

今年の夏、一冊の本が届いた。香港からだった。『頽城裝瘋』という題名には見覚えがあった。「滅びた街が狂気を装う」と訳して日本でも発表したあの詩だ。果たして著者は洛楓だった。民主化運動の最中に英語で緊急出版した『Love in the City of Trauma』を中心に新しい作品を加えた、分厚い広東語だけの詩集だった。

表紙を開いてもう一度驚いた。そこには「愛在動盪時期的詩　日本詩人四元康祐訪問洛楓」という見出しで、僕が日本の雑誌のために行った洛楓のインタビューの抜粋があるではないか。なんという勇気だろうという讃嘆《さんたん》と、こんなことをして大丈夫なのか、という懸念が同時だった。抜粋部分には日本の詩人へのメッセージもある。

「詩の芸術性を、政治思想やイデオロギーよりも優位に置くこと。私たちはみな、苦しみや痛みに怯《おび》える弱々しい存在です。けれど書くことで、立ち上がり、戦う勇気を手に入れることが出来《でき》るのです」。彼女の肉筆で、Poets of Resistance!　と添えられていた。

中国　香港

激しく振りなさい

Tammy Lai-Ming Ho こと何麗明は「Shake it hard（激しく振りなさい）」と云った。鞭《むち》のようにしなやかで、歌のように軽やかな命令形だった。云《い》われた男は、苦笑いしながら、買ったばかりのジュースのボトルを大袈裟に振ってみせてから、栓を開けた。

二〇一九年、僕らは詩祭会場のカフェにいた。タミーは一見才《さい》気《き》煥発《かんぱつ》な女子学生という印象だが、香港バプティスト大学の助理教授にして香港ペンの会長。香港ペンは二〇一六年、雨傘運動後に設立された国際ペンの支部であり、表現の自由のシンボル的存在である。

「言説と沈黙」と題されたシンポジウムの司会を務めたのも彼女だった。「詩を書くことによって、あなたは何を成し遂げようとしますか？」と訊かれて、壇上の僕は「詩を書いている時は、とにかくいい詩を書きたいという思いしかありません」と答えた。すると会場から笑いと拍手が起こったが、タミーはいささか不満げだった。

いま、駅は戦場と化している
床にしたたる市民の血しぶきは
前衛書道のようだ。列車は
誰かが正しい決断を下さない限り
誰もどこへも連れてゆかない
いま人々は怒りに燃えている
必死の思いで日々を過ごしている
政府が耳を傾け
謝罪の意を表するのに、あと
何日かかるのか？　いま、
私たちひとりひとりが革命家である

（「いま」部分）

民主化と自由を求めて街頭に繰り出した香港の人々の叫びを代弁するかのように、連日フェイスブックに詩を発表していたタミーにとって、言説と現実とは切り離すことのできないものであり、沈黙はあり得なかった。

その翌年の二〇二〇年六月、国家安全法施行の報《しら》せを受けて、タミーはこう書くことになる、「この都市の民主化についてのすべての希望は打ち砕かれた。中国共産党によって、頭蓋骨が壁に叩きつけられたのだ」と。

Shake it hard の声が蘇る。もっとも激しく振られたのは、香港とその人々だった。

中国　香港

去る者と「留まるコツ」

二〇二一年二月、ミャンマーでクーデターが起こった。多くの市民が街頭に繰り出して抗議の意思を表明したが、政府は棍棒《こんぼう》と催涙ガス、ときに銃弾でそれに応えた。何人もの詩人が見せしめのように虐殺された。あるものは地下にもぐり、あるものは国外に脱出した。そして夥《おびただ》しい詩が書かれた。

まるで香港の悲劇の再現だ、と僕は思った。その頃ある出版社から、世界各地で書かれている抵抗詩のアンソロジーを編めないだろうか、という相談を受けたので、僕は久しぶりにタミーこと何麗明に連絡を取ってみた。

「いまの香港はそれどころじゃないの。国家安全法が実際に適用され始めて、詩人たちはパニックになっている。以前ウェブ上に公開した反体制的な詩を、必死で削除している人もいるわ」それが彼女の最初の反応だった。

噂は僕も耳にしていた。ある詩人は国家安全法違反の疑いで当局の取り調べを受けていて、職を失うことになるかもしれない、と書いてきた。

「それより、あなたの詩を送ってよ」タミーが明るい声を出した。「Cha に載せるわ。いま『Write to Power』というテーマで抵抗詩を募集しているの」Cha（茶）はタミーが主幹を務める英語のアジア文学詩誌である。「日本の詩人たちにも呼び掛けてちょうだい」初めて会った時、歌うように Shake it hard と云った口調が戻っていた。サイトを覗《のぞ》いてみると、天安門事件の特集なども掲載してあって、その勇気に讃嘆《さんたん》しつつも、関係者の身の不安を禁じえない。

香港の代表的な詩誌「聲韻詩刊（Voice & Verse）」の昨年十二月号の特集は Departure（離別）。その巻頭エッセイでタミーは「多くの人が『離開是為了要回來（帰ってくるために離れる）』という科白《せりふ》をお経のように唱えながら香港を去ってゆく」と書いている。

人によっては、立ち去るコツを学ぶのは簡単だ（略）
だが自分の骨がいつかこの土地で塵《ちり》に帰することを、存在の根っこで悟っている者
は、なにがなんでも、留《とど》まるコツを習得せねばならない。

（「コツ」部分）

中国　香港

専制の時代へ進む船

二〇一九年の香港詩祭には、中東欧の詩人が目立った。三十年前まで共産主義独裁のもとにあった彼らにとって、香港の抵抗は他人事ではなかった。

アナ・ブランディアナもその一人。八十歳近かったが、若々しく華やかな笑顔はベテラン女優の風格だった。専属の通訳の女性が影のように寄り添い、アナの発言の一語一句漏らすまいと書きとる様子が、祖国ルーマニアでの詩人としての地位の高さを窺わせた。

アナは十七歳で詩人デビューした。直ちに発禁処分となりその後の活動を禁じられる。父親が政治犯として投獄されていたからだ。非国民の娘に対する国家の仕打ち。それでも彼女は書き続け、国内外での注目を集めてゆく。一九八九年の民主化革命の時、彼女は四十七歳。翌年には市民同盟を結成し、新生ルーマニア・ペンの会長に就任。九三年には「共産主義の犠牲者のための記念館」を建てる。独裁政権によって洗脳された人々の、失われた記憶を取り戻すことが目的だという。近年にはレジオンドヌール勲章ほか数々の栄誉を受賞。

いわば百戦錬磨の自由の闘士であるアナの眼に、香港の状況はどう映っていたのか。詩祭の合間に、朗読を終えたアナが「さっき若い聴衆から貰ったのよ」と紙片を差し出した。「彼女は昂然《こうぜん》と自由の時代に歩いてゆく／僕たちは昂然と専制恐怖の時代へ歩いてゆく」という英語の走り書きだった。

「あの子たちは知っているのよ。この戦いに勝ち目がないということを。それでも戦い続けるしかないのだと」優しい笑みを浮かべてそう言ったアナの声の、ほとんど残酷な響きが今でも耳の底に残っている。「詩人の船」と題された彼女の詩はこう終わる。

詩人たちは待っている、眠ることも
死ぬことも拒んで、
ついに船が岸壁から離れる瞬間を
見逃すまいと――
決して訪れない出航の時を
頑《かたく》なに待ち続ける

この石の船――

これこそ永遠でなくて何だろう？

LOOK

中国　香港

孤独をのぞく目

彼は英語を喋らなかったし、僕は中国語が分からない。詩祭会場へ行くバスの車中で顔を合わせても、僕らは慎み深く笑みを交わすだけだった。

一体どこから来たのだろう？　どんな詩を書くのだろう？　香港の民主化運動を、彼はどんな思いで見ているのか？　中国本土から来たほかの詩人たちと談笑しているのを見かけたこともあるが、大抵はひとり輪の外に佇《たたず》んでいた。

あれは、夜明け前の黒々とした大地を見つめている男の眼だ。きっと農民詩人に違いない。僕は勝手な想像に耽《ふけ》った。各国の詩人たちと一緒にいても、視界の端では彼の姿を探していた。

詩祭の終盤、北京の文芸雑誌からインタビューを受けた。中庭のテーブルを囲んでいると、どこからともなく彼が現れて、記者の隣に座った。そうなることが最初から分かっていたかのような、自然なふるまいだった。
彼の名は毛子（Maozi）、居地は湖北省宜都、中国のほぼ中央、揚子江の畔《ほとり》だ。農夫ではなかったが、労働者の出身。その詩は知的に洗練されていて、外国の詩人たちがしばしば登場する。彼は黙って僕と記者のやりとりを聞いていたが、やがて僕の目をまっすぐ覗きこむとこう云《い》った。「君は誰とでも朗らかに社交しているが、心の奥には孤独を抱えている。巨きな、原初の孤独だ。中国ではそれを万斛《ばんこく》の愁と呼びます」僕は胸を衝かれた。彼もまた僕の内側を覗きこんでいたのだ。

言語の奥から
詩が姿をあらわす
雲水の僧が
山から出てくるように。

かなたには一艘《そう》の測量船が
公海の上空を観測している、白雲ひとつ。

移りゆく幻のなかに
原初から動かぬすべてが隠されている、
あの詩も、あの寺院も。

だが事物は抜け落ちてゆく、海に投じられた網の目から
海が零《こぼ》れるように。

もう行こう。まだ書かれていない
一篇《ぺん》の詩を求めて。

（原題「動身」全文）

中国　香港

政治の街、個人の痛み

余幼幼と書いてYu Yoyoと読む。四川省成都の詩人だ。一九九〇年生まれ、と言えば僕の息子と同じだが、その名の通り、もっと幼く見える。話してみると、あどけなさのなかに老成が感じられる不思議な魅力があった。

小学校のときから詩を書きはじめて、ネットで発表していたという。それがブレイクして、十六歳にして文芸誌に活字デビュー。すでに二冊の詩集と、英訳詩集がある。なるほど、詩人としては十年以上のベテランなのだ。

というような話を、香港の路面電車のなかで聞いた。車体に詩人たちの顔写真を印刷塗装した詩祭専用特別車両で、街中を走りながら詩の朗読を行うという趣向だった。夏以来激しさを増す一方だった民主化デモは、いくつかの大学構内に追い詰められ、膠着状態に陥っていた。

だが道路や壁の表面は「光復香港、時代革命」といったスローガンで埋め尽くされ、自由を求める人々の叫びは未《いま》だあたりに谺《こだま》しているかのようだった。

そんな苛烈な政治の街にあって、幼幼の詩は、場違いと思えるほど、冷え冷えと醒《さ》めて、個人的な痛みと苦さを湛《たた》えていた。たとえばその名も「自由」と題された作品。

白酒五杯で
からだは自由
自由は
よろよろ
千鳥足
私をベッドに押し倒す
ボトルは空っぽ
私はベッドで自由に押し潰されてしまう
人生を楽しむはずだったのに
ベッドには私ひとり
部屋はひっそり

またしても無駄にする
全ての自由

日本の若者たちには、香港で叫ばれている自由よりも、幼幼が摑み損ねた自由の方が切実なのではないか。彼女は絵や写真などアーティストとしても活動しているが、その詩は身体的な瑕疵《かし》に満ちている。言語による自傷行為？　この時代の内面に潜む、もうひとつの生々しいリアリティ。

眠れないときには
眼球を抉《えぐ》り出し
小函《ばこ》に入れて
蓋をする
まっくら、まっくらくらのくら
鼻や耳の孔までが
灯《あか》りを欲する

（「ai」全文）

ロシア

ゆがんだ想像力

昨年二月、ロシアがウクライナに侵攻したとき、まっさきに思ったのはロシアの詩人たちだった。彼らは西洋の顔形を纏《まと》いつつ、その奥に懐かしい大地の匂いを感じさせた。知性の光のなかに、うっとりと夢見るような暗がりを宿していた。西でも東でもない、ひとりの人の素朴な懐かしさがあった。

テレビは連日ロシアの人々の姿を映しだした。彼らは街頭に出て戦争に反対し、警察に殴られ蹴られ逮捕されていた。空港や陸路の国境に長い列を作って、国外に逃れ出ようとしていた。そこに見知った詩人の姿がないかと、僕は画面に目を凝らした。

マリア・ステパノヴァとは、ある詩祭で一度会っただけだが、威風堂々という言葉が似合いそうな知性と教養の持ち主だった。フェミニズムに関する論議のなかで、僕が紀貫之の『土佐日記』を持ち出すと、すかさず「あれはトランス・ジェンダーとメタフィクションの世界的傑作ですね」と応えたものだった。それでいて同じロシアから来ていた年長の詩人を労《いた》わる様子からは、繊細な優しさが伝わってきた。あのマリアなら、抗議の声を上げずにはいられないだろう。誰よりもシャープでパワフルな言葉で。だがその代償は生やさしいものではあるまい。

四月、僕は恐る恐る彼女の名前をネットで検索した。すると有名な映画俳優の動画が飛びこんできたではないか。「ジェレミー・アイアンズ、マリア・ステパノヴァの『プーチンの想像の産物としての戦争』を朗読する」という見出しがついている。

「いま抵抗すべきは、ひとりの男の歪《ゆが》んだ想像力の支配に対してだ。それは私たちを内側から捕らえ、私たちの夢や日常や未来を、力ずくで支配しようとする。私たちはそれから自由にならねばならない。この瞬間もウクライナでは命懸けの戦いが続いている。理性の独立を守る戦いが、すべての家庭とすべての人の頭のなかで繰り広げられているのだ。そこでも、ここでも、私たちは抵抗しなければならない」。老俳優の口から聴こえてきたのは、紛れもない、マリアの言葉だった。

ロシア

志願兵ヴラス

英国の名優ジェレミー・アイアンズがマリア・ステパノヴァのエッセイ「プーチンの想像の産物としての戦争」を朗読したのは、二〇二二年三月三十日、ロンドン市内で行われた「ウクライナ難民のための夕べ」でのこと。マリアはそのエッセイをフィナンシャル・タイムズ紙に三月十八日付で発表している。ロシアの侵攻からひと月と経っていない頃だ。

さすがはマリアだと感動するのと、その身の上を案ずる思いが同時に湧き上がる。さらにネットを追うと、侵攻が始まった時、たまたま米国の大学で講演していたことが分かった。ほっと胸を撫《な》でおろすが、こんな文章を発表した以上、ロシアへの帰国は不可能だろう。家族とも離れ離れだろうか。

一九七二年モスクワ生まれ、詩人、作家、ジャーナリスト。国内外の数々の文学賞。彼女が創刊し主幹を務めるオンライン新聞「COLTA.RU」は毎月六十万回の閲覧を集める。マリア・ステパノヴァについて僕が知っているのはそれくらいだ。あらためて、手元の英訳小詩集を開いてみる。

志願兵ヴラス、死後2週間
ルーブルの交換レートも、雀《すずめ》たちのお喋《しゃべ》りも、自分の生まれ故郷も、
忘れてしまった。
爆風のうねりが、彼の骨を
抱きしめている。歳月が洗い流され、
赤いほっぺの子供のころの
彼が現れる。
この十字路に打ち棄《す》てられた
あなたが、ロシア人であろうと
ウクライナ人だろうと誰だろうと、ヴラスのことを思い起こせ。
彼はあなたよりも善良だった。

(「志願兵ヴラス、死後2週間」全文)

なんと、今回の戦争を予言しているかのようではないか。おまけにT・S・エリオットの『荒地』の「水死」の本歌取りにもなっていて、歴史的な批評性を備えている。この詩を訳すにあたって彼女と連絡をとると、「自分でも驚いています。何年も前に書いた詩の意味がいまごろ明らかになるなんて」。

現在家族とともにドイツにいるが、帰国の目途はないという。

トルコ　ハルフェティ

連詩は川の流れのように

僕らは水の上に立っていた。畔《ほとり》ではなく、文字通り広大な水の面に。薄暮に包まれて、頭上の空と足もとの水が無限に響き合い、まるで虚空に浮かんでいるかのようだった。「あの辺に僕の家はあった。あっちに見えているのは、僕が通った小学校の屋根だ」ニハット・オズダルが水底を覗《のぞ》きこむように言った。そのさらに向こうには、モスクの尖塔《せんとう》の先っぽだけが突き出していた。

二〇一八年、シリアとの国境に近いトルコ南部の町ハルフェティ。湖かと見紛《みまご》う水は、半ば堰《せ》き止められたユーフラテス川。四人のトルコ詩人とふたりの日本詩人は、水没した集落の頭上に立っているのだった。明日からここで連詩を巻こうというのである。

言い出しっぺはイスタンブールのゴクチェナー・ツェーだった。同じイスタンブールから、ペリン・オゼルとエフェ・ドゥヤン、そして日本から歌人の三宅勇介と僕が参加した。この水底の町に生まれ、いまも近郊に住んでいるニハットがホスト役を引き受けてくれた。彼の実家は河畔でブティックホテルを経営していて、宿泊と食事を提供してくれるという。ニハットの操る小舟で水上の屋根を離れ、ホテルの中庭で夕食を取る。黒い菜っ葉のおひたしみたいなものが供される。「なんだと思う？」ニハットが得意げな顔で訊く。イスタンブールの詩人たちはニコニコしている。

「黒いバラの花弁《はなびら》だよ。ハルフェティは黒バラの産地として有名なんだ」

僕は宗匠として異国の連衆《れんじゅ》に連詩の心得を説く。決して後戻りしないこと。ちょうどこのユーフラテス川のように、ひたすら海を目指して流れてゆくこと。その流浪と変転を味わうこと。

翌朝起き出すと、もうゴクチェナーの発句ならぬ発詩が出来ていた。

風が囁《ささや》く、川を理解するためには
雨と話しなさい、プラムを食べなさい、石を手に取りなさい。
手に手をとって小舟から湖に飛び込むように
僕らは長い詩を書き始める。
鰻《うなぎ》にも僕らにも愛は理解できない。

トルコ　ハルフェティ

トルコの美的感性

トルコ・ハルフェティ連詩で発詩を務めたゴクチェナーは、蕪村と山頭火とアメリカ現代詩を愛するトルコの詩人だ。出会いはリトアニアの詩祭だった。お互いビジネスと詩の二足の草鞋《わらじ》だと知って意気投合した。彼の詩（の英訳）を通して、僕はトルコの人たちが日本人と極めて似通った美的感性の持ち主であることを知った。

ハルフェティ連詩の二番手は、ペリン・オゼル。黒いドレスに身を包んだ、「お淑《しと》やか」という古風な言葉が似あう女性詩人だ。朝露に濡れたバラが咲き乱れる中庭に、黒バラやピスタチオなど土地の食材を使った朝食が運ばれてきた。ホテル当主の詩人ニハットは、スローフード運動の推進者でもあり、料理と詩の本も出しているとか。謎めいた詩人である。

ほかの詩人たちが賑《にぎ》やかな談笑に興ずる間、ペリンだけが寡黙だったが、やがて愛用のノートを広げるや一気に書きつけたのが次の三行。この連詩では、五行と三行を交互に書くルールとしたのだ。

息を止めていると、自分のなかに永遠が生まれる
空が深みのなかに積み重なる
鳥が魚にくちづけする……

自由詩と並行してハイクも作ると言っていただけあって、見事な付合いである。ゴクチェナーの発詩の「小舟から湖に飛び込む」を受けつつ、そこに「永遠」という抽象性を導入し、〈空と深み〉〈鳥と魚〉といった対比によって、重層的な世界を描いてみせた。
次は僕の番である。第三詩では思い切った場面転換をすべし、という僕の連詩の師匠大岡信の教えに従って、ペリンの「永遠」と「積み重なる」を宇宙の涯《はて》に飛ばしてみた。

無数の多元宇宙をくぐり抜けて
光の速度で僕らは旅を続けた
今頃地球はもう廃墟《はいきょ》だろうか？

135冊目の日記の頁《ページ》に挟まれて
君はまだ黒バラの香を嗅いでいるのに

「日記」はペリンへの挨拶。彼女は日記魔で、暇さえあれば愛用のノートに達筆をしたためていたのだ。

トルコ　ハルフェティ

野蛮な世界の桃源郷

ユーフラテス川の一部を堰《せ》き止めた水底に沈んだ町、ハルフェティの畔《ほとり》で行われた連詩。四番手はこの館の当主ニハット・オズダルである。

あの最初の濡《ぬ》れた漆黒に僕は舌を差し入れた――
枝の摑《つか》み方を知らなければ
抱きしめる前に落っこちてしまうだろう

一読、度肝を抜かれた。僕が前詩で書いた宇宙を、一瞬にしてエロスに変身させた。「枝の摑み方」って何？と尋ねると、彼は片手にパイプを燻《くゆ》らせながら、歌麿さながらのきわどい線画を描いてみせるのだった。

実はニハットのことを、僕は田舎の裕福な道楽詩人ではないかと疑っていた。なにしろホテルの跡取り息子だし、船を所有し、スキューバダイビング教室を開き、その様子をドローンで撮影したりという趣味人なのだ。

だがこの三行でそんな疑念は吹っ飛んだ。ニハットは機知と抒情《じょじょう》を併せ持った一流の詩人だった。そしてこの時点で、僕は連詩の成功を確信した。

五番手は日本の歌人、三宅勇介だった。彼は短歌のほかに俳句、川柳、長歌、旋頭歌《せどうか》から現代詩までこなす、異色の総合日本語詩人である。

前の席のアメリカ娘よ
後ろ向きに僕の席に自分が脱いだ靴下を投げないで
それは僕の頭の上に着地した
とても美しい放物線だった
シリアに打ち込まれたミサイルみたいに

日本からの飛行機のなかで実際に起こったことらしい。アメリカ娘の投げた靴下の放物線が、その数日前米軍がシリアに放ったミサイルの弾道に重ねられる。二十一世紀の地政学的な「嘱目《しょくもく》」の詩だ。やっぱり彼を誘ってよかった。

「僕はシリアのアレッポ大学で美術史を学んだ」とニハット。激しい内戦が始まる直前に、トルコ行きのバスに乗り込んで脱出したという。シリアとの国境沿いの山中では、僕らの滞在中もゲリラ掃討戦が行われていた。

そんな世界の野蛮さとは裏腹に、川畔の連詩は桃源郷と化してゆく。

トルコ　ハルフェティ

繊細さと政治的弱さ

トルコ南部の町、ハルフェティで連詩を巻いたのは二〇一八年五月。その二年前の夏トルコでクーデター未遂事件があり、エルドアン大統領は大規模な粛清を展開した。五万人を逮捕、教職者を含む公務員十五万人を解雇・停職。詩人も例外ではなかった。

僕は二〇一七年の秋にもトルコを訪れたが、詩人たちは昼間は朗らかに振る舞いつつも、夜が更け酒が回ると絶望と不安を吐露した。ドイツから来た僕に、移民としての住み心地や心得を尋ねる人も少なくなかった。

けれども彼らの詩に直接的な抵抗の声を聞くことはなかった。むしろ痛々しいほど繊細な優しさが溢れていた。美的な国民、という言葉が浮かんだ。そこに日本人とも共通する、政治的な弱さを感ずる。

故郷を離れたことはなかった
僕には毎日自分の国の言葉を聞く必要があった
他の世界を書くために

連詩にそう書いたのはエフェ・ドゥヤン。イケメンの大学教授で、元教え子の若い妻と一緒だった。昨年夏、北マケドニアで彼と再会した。今はラトビアに住んでいるという。そんな寒いところへ！と驚いたが、肝心なのはそこがEUだということだ。

現実が苛酷《かこく》であるからこそ、トルコの連衆《れんじゅ》たちは、詩の宴に全身全霊を捧げたのだろう。黒バラの庭で、古代キリスト教の遺跡の洞窟で、ユーフラテスの水底に沈んだ町の頭上で、僕らは連日詩の歓《よろこ》びに酔いしれた。

百の詩を書いた、千の小説を読んだ
暗がりで書いた、太陽が空に輝いているときも、山の頂で書いた、
島の夕暮れで、山火事から走り去る鹿のように書いた、
（中略）

それもこれもこの五月の一日、
下着姿で泳ぐためではなかったか

（ゴクチェナー第39詩）

この原稿を書き始めた直後にトルコ・シリア大地震が起きた。ハルフェティは震源地の近くだ。地元の詩人ニハットは無事だったが、山が崩れ、家屋も損傷したそうだ。犠牲者の冥福と、一刻も早い復興を祈る。

ポーランド　ワルシャワ

「私はいなかった」けれど

好きな詩はたくさんあるけれど、本当に好きな詩と出会うことは、そうたびたびは起こらない。一生に何度かあればいい方だろう。本当に好きな詩は、本物の恋に似て、いつも予期せぬ事件として立ち現れる。

ミレニアム前後だったろうか、仕事でポーランド・ワルシャワを訪れたついでに、週末を古都クラクフで過ごすことにした。列車に乗り込む前、駅の近くの大きな書店に寄った。ヨーロッパでも、詩は書店の片隅に追いやられている。まして英訳詩集は滅多《めった》にない。でもその日は違った。ルソーの絵をあしらった赤い表紙の、薄っぺらいペーパーバック。Adam Zagajewski という名前は初耳だったが、Mysticism for Beginners（初心者のための神秘主義）という英訳タイトルに惹《ひ》かれて買い求めた。四十二ズロチだった。

車中で読み始めると、たちまちワルシャワもクラクフも遠ざかった。代わりに、この世のどこにも存在せず、それでいてすべての場所に通じている不思議な場所へと連れて行かれた。アダム・ザガイェフスキー。一九四五年生まれ。六八年の民主化運動のなかで、共産主義の教条的な言説に抵抗する文芸運動に加わって発禁処分。八二年にはパリに亡命したが、二〇〇二年に故郷クラクフへ帰国。ミウォシュやシンボルスカに続く、ポーランド詩人としてのノーベル賞候補と目されていた。

この文章を書くにあたって近況を調べようとしたところ、二年前に亡くなっているのを知った。あの時買った詩集の扉には「２００6年5月　ブレーメンにて、アダム」とサインされている。その後各地の詩祭で顔を合わせ、そのたびに短い言葉を交わした。

詩人がいなくなっても、詩はいつまでも瑞々《みずみず》しい。今日は再び、この一冊とともに静かな午後を過ごそう。

この詩の中に私はいなかった
ただ輝く純粋な水溜まりと
蜥蜴《とかげ》の小さな眼、風と
私のではない唇に押しつけられた

ハーモニカの音だけだった。

（「この詩の中に私はいなかった」全文）

ポーランド　クラクフ

最後に戻る場所

ワルシャワで買ったアダム・ザガイェフスキーの詩集を読みながら、古都クラクフへ行った。十年後の二〇一一年、僕は再びその町を訪れる。ポーランドの詩人チェスワフ・ミウォシュの生誕百年記念祭に、スラブ文学者の沼野充義さんが誘って下さったのだ。

現地に着き、規模の大きさに驚いた。世界中から著名な詩人とスラブ文学者を招いた国家的プロジェクトだった。ヨーロッパにおける国民的詩人とはかくなるものかと唸《うな》ったが、ミウォシュ自身は四十歳のとき祖国を棄《す》ててフランスに亡命し、その後米国に移っている。

ワレサ率いる《連帯》の民主化運動に揺れる一九八一年、ミウォシュは帰国して熱狂的な歓迎を受けた。その翌年、今度はアダムがパリを経て米国に移住する。彼が帰国するのは二〇〇二年、ミウォシュが亡くなる二年前のことだ。冷戦さなかの三十年間の亡命と、民主革命をはさんだ二十年間の移住では相当事情が違うだろうが、ふたりとも詩人として最も脂ののっている時期を、祖国から遠い孤独のなかで過ごすことになった。そしてどちらも、クラクフを竟《つい》の棲家《すみか》に選んだ。

「クラクフには、シンボルスカも住んでいるんだ。しょっちゅう会っているよ」と、アダムから聞いたことがある。ヴィスワヴァ・シンボルスカ、一九二三年生まれ、九六年ノーベル賞受賞。ミウォシュの妹、アダムの伯母にあたる世代だが、いま国外でもっとも知られているのは彼女だろう。

ミウォシュ祭の一環として、そのシンボルスカが朗読を披露した。当時八十八歳。壮麗な教会の祭壇で、傍らにはアダムの姿もあった。翌年の死を予《あらかじ》め受け入れているかのような、シンボルスカの詩、「眺めとの別れ」の一節。

存在することの特権——
それをわたしは放棄する

わたしはあなたよりも十分長生きした
こうして遠くから考えるために

ちょうど十分なだけ

（沼野充義訳）

三人の詩人は、いまもクラクフの地に眠っている。

ポーランド　クラクフ

兄貴の忠告

ヴィスワヴァ・シンボルスカの生涯最後の公開朗読に、幸運にも僕は居合わすことができた。高齢のため人前に姿を現さなくなった世界的な詩人をひと目見ようと、会場の教会では会衆席から溢れた人々が通路を埋め、祭壇の縁にまで迫っていた。

スラブ文学者の沼野充義さんのご好意で、僕は最前列に座らせてもらっていたのだが、振り向くと入口近くで途方に暮れている瘦せた男の姿が見えた。旧知のアイルランド詩人、デニス・オドリスコルだった。僕は大きく手を振って彼を呼び、自分の隣の僅かな隙間に押し込んだ。図々しい振る舞いだったが、デニスがどんなに東欧の詩、とりわけポーランドの現代詩を愛していたか、知っていたのだ。

僕らにはいくつか共通点があった。まずふたりとも勤め人詩人であること。デニスは十六歳の時からダブリンの税務署で働き、詩は余暇を削って書いていた。六十歳になったら年金が貰えるので、思う存分詩が書けるというのが口癖だった。そのせいか僕らの詩はどちらも日常生活を舞台とし、具体的で、乾いたユーモアを備えていた。

またふたりとも詩論が好きで、自分の敬愛する詩人について分厚い評論を書いていた。僕は『谷川俊太郎学』で、彼はアイルランドのノーベル賞詩人シェーマス・ヒーニーとのインタビュー集。詩と人生の両面で、五歳上のデニスは、兄貴分的な存在だった。

シンボルスカの朗読の間、きつく押し付けられていた彼の肩の骨の感触が、今も残っている。朗読の後でビールに誘った僕に、どうしてもシンボルスカと話がしたいからゴメン、と断ったときの泣き笑いのような顔も。それから祭壇の人の輪へダイブするかのように遠ざかっていった後ろ姿も。

その翌年二〇一二年のクリスマスの朝、僕はBBCニュースで彼の死を知った。享年五十八歳十一か月、なんの予兆もない急死だったという。あと一年で念願の詩三昧な日々が待っていたというのに。ぐずぐずするなよ、今この瞬間しか生はないんだぞ、という「兄貴」の忠告が聞こえてきた。

ルーマニア

非文学的な題材

アイルランドの詩人デニス・オドリスコルに初めて会ったのは、ルーマニアの詩祭だった。首都ブカレストからのバスの車中で意気投合し、黒海の畔《ほとり》で彼の朗読を聴いて、同じ種族の詩人であることを確信した。

誰かが今日死に装束として、スカートやネクタイを身につける
最後の晩餐《ばんさん》としてバタートーストを齧り、紅茶を啜《すす》る
人生最後の勃起にもうわの空で
大理石のようなつるつるになるまで彼は髭《ひげ》を剃りあげ
腋《わき》の下のごわごわの草むらに彼女はデオドラントを振りかける

（中略）
誰かが今日この世の見納めをする
生まれて初めて見たときと同じ無邪気さで

（「誰か」より）

そうとは知らずに人生最後の一日を始める「誰か」の朝を、平明な言葉で淡々と描いてゆく。他人事だと思って読んでいるうちに、読者はいつしか我が身を重ね、目の前の光景が特別な光に包まれてゆく。

「これ、生命保険のＣＭに使えるんじゃない？」と軽口を叩《たた》いたら、「実は本当に使われたんだよ」とデニスは困ったような顔で応えたものだった。

死そのものではなく病気や手術など、あえて非文学的な題材を好んで選んだ。詩とは平凡で退屈な日常にこそ潜んでいると信じていて、それを見つけるのが真の詩人だと自負していた。ところが死の数年前に貰った詩集『リアリティ・チェック』には、およそ浮世離れした空の詩の連作があった。その恩寵《おんちょう》に満ちた光に驚きながら、僕はまたしても「一体どうしたんだい、悟りでも開いたの？」と軽口を叩いたが、デニスがそれにどう応えたのか、今はもう思い出せない。

どこまでもしなやかに、空は
全方位へ実体を伸ばしてゆく、
（中略）
いつしか透明な空色を帯びて
継ぎ目も縫い目もない空間に満ちわたる。
その途切れのない意識の流れこそ、
時の外で生きる命の証。

（「スカイ・ライティング」より）

ポーランド　ワルシャワ

世界の洪水

チェスワフ・ミウォシュ生誕百年祭では、ポーランド各地でさまざまな関連行事が行われた。そのひとつで、ある日本人青年がミウォシュの『Swiat』（世界）という詩集と出会う。手稿の表紙には、本名の代わりに「めーめーヤギさん」という意味のペンネームが記されていたという、薄っぺらい本だ。「純朴な詩」という副題の通り、子供の視点から、平明な言葉で私たちの生きるこの世界を描いている。

父が言う　ここはヨーロッパなのだ
よく晴れた日にはすべてが手にとるように見はるかせる
いくどとなく押し寄せた洪水の後でいまは煙っているが

家なのだ　人々の　犬や猫の　そして馬たちの
（「窓からの眺め」より）

ミウォシュはこの詩集を、ナチスドイツの占領下にあったワルシャワで手書きし、地下出版の編集者に託した。市の中心部にはユダヤ人ゲットーがあり、絶滅収容所への移送が始まっていた。ミウォシュの家のバルコニーからも、武装蜂起に立ち上がったユダヤ人たちの、断末魔の叫びが聞こえたという。

銃ではなくペンを執り、檄文《げきぶん》の代わりに「純朴な詩」を書くことで、狂気と暴力に抗うことを選んだミウォシュのこの詩集を、青年は日本語に訳そうと決意する。石原耒《るい》、ポーランド在住のダンサー。その願いはポーランド文学者つかだみちこ氏の協力を得て、二〇一五年『世界』という訳詩集に結実した。

その数年後、僕は『世界』を手にワルシャワに石原さんを訪ねた。街角でビールを飲んで一夕を共にした。サムライのような面構えと、真っ白な歯が印象的だった。

膝をついて草に顔を埋めるがよい
そして大地が照りかえす輝きを見るがよい

そこに私たちがうち捨ててきたもののすべてを見出すだろう
星やバラ　黄昏《たそがれ》や夜明けの光を

（「太陽」より）

詩集の最後に記された「１９４３年」が、「２０２３年」に重なる。今また新たな洪水が「世界」に押し寄せている。

ポーランド　ワルシャワ

地中の「ユダヤの民の歌」

チェスワフ・ミウォシュが、ワルシャワ・ゲットーの阿鼻叫喚《あびきょうかん》を聞きながら『世界』という詩集を書いていた時、まさにそのゲットーの中でも詩を書いていた男がいた。

イツハク・カツェネルソン、一八八六年生まれのユダヤ系詩人。一九四〇年、妻ハナと三人の息子とともにゲットーに収監されるが、飢餓とチフスの蔓延《まんえん》する苛酷《かこく》な環境のなかでも、彼は同胞を鼓舞する詩を書き続け、子どもたちのための演劇活動をした。

一九四二年七月には絶滅収容所への大量輸送が始まり、僅か二か月で二十五万人のユダヤ人がゲットーから連行されてゆく。その中に、イツハクの妻と下のふたりの息子もいた。自らがガス室に送られるよりもはるかに辛かっただろうその悲劇を、彼は「一九四二年八月十四日私の大いなる不幸の日」と題した長編詩に綴ってゆく。

暗い部屋の荒《すさ》んだ四つの壁のあいだに
私は侵入する、両手をきつくもみしだきながら
ハナ！　お前はいない、私の息子たちもいない
いない……彼らの姿はもうない、気配すらもない
ハナ！　驚いて私は名前を呼ぶ
ついさっき私はここで彼らと別れたのだ、ついさっき！

詩のなかで、イツハクは妻子の生存を願って呼びかけ、死を悟って悲嘆に暮れ、自らを責め、ナチスを呪詛《じゅそ》する。思いを言葉にしないでは、正気ではいられないと云うかのように。詩は息子たちへ呼びかけで終わる。

ベン─ツィクル───私を抱きしめておくれ！　お前、ヨメクル！
母さんを抱きしめておくれ、母さんが倒れる、母さんが倒れる！

一九四四年五月には、イツハクと長男のツヴィもアウシュヴィッツに送られ、即座にガス殺された。

だがここで、奇跡が起きる。イツハクは別の収容所で書き上げた大作『滅ぼされたユダヤの民の歌』の原稿を、甕《びん》に詰めて地中に埋めていたのだ。戦後それは掘り起こされ、今ではホロコーストに関わる決定的作品となったという。

（引用・参照は『ワルシャワ・ゲットー詩集』細見和之訳より）

日本　大阪

航海の終わり

この春、ある詩の雑誌が終刊となった。「季刊びーぐる　詩の海へ」。二〇〇八年秋以来、十四年半にわたって五十九冊を出してきた。版元は大阪の澪標《みおつくし》。編集同人として山田兼士、高階杞一、細見和之という関西在住組に、なぜかミュンヘンから僕が加わり、四人が年一回ずつ自分の好きな企画を自分の責任で編むという、寄り合い船だった。その船長格だった山田兼士が、昨年末急逝してしまった。最終号をその追悼に捧げて、船を沈めることにした。山田さんの献身なくては、とても航続不可能だったのだ。

創刊前の旗揚げに、澪標の松村信人を含めた五人で、大阪・上六の居酒屋に集まったことを思い出す。一号出すたびにどの程度の赤字が予想されるかを淡々と語る松村さんの顔を見ながら、そう長くは続かないだろうと思っていたが、山田船長は意気軒高、いまこの時期に詩の雑誌を、それも商業ベースで出すことの意義を力説した。

当時詩の雑誌が続々と消えつつあったのだ。二〇〇七年五月には書肆山田の「るしおる」が六十四号で終刊、九月には一九四七年以来続いて来た「詩学」も会社ごと潰れてしまった。リーマン・ショックを目前にして、詩の世界でもひとつの時代が終わろうとしていた。

「詩の商業雑誌」とは、半ば矛盾した存在である。だが同人誌と違って、全国どの書店からも注文できて、誰にでも手に入る点にその価値がある。書評や詩誌評、そして投稿欄を通して、書き手と読み手が交わる公共的な広場のような存在だ。とりわけ我が「びーぐる」は、東京ではなく大阪を母港とし、たまにはミュンヘンにも寄港する。詩のガラパゴス的な多種多彩さを探索するには好都合だった。

仏文学者の山田さん、筆一本の詩人稼業の高階さん、ドイツ社会思想学者の細見さんと、同人の専門も性格もばらばらだったのが、長く続いた秘訣だろう。自分ひとりでは決して知りえない、日本の詩の秘境へ連れていってもらった。長年航海を支えてくださった読者に感謝するとともに、山田兼士船長のご冥福をお祈りします。

日本　大阪

タニロクのブンコウ

編集同人のひとり山田兼士の死とともに、足掛け十五年通算五十九号の歴史を先月閉じたばかりの雑誌「びーぐる　詩の海へ」は、全国の書店に流通してはいたが、本拠地は大阪だった。四歳まで大阪府下で生まれ育ち、母語はなにかと問われれば、日本語というよりも、もはや喋ることはできないがそのリズムと抑揚だけは体の奥に染み込んでいる大阪弁だと答えたいところだが、こと日本の現代詩となると、僕の世界は余りに東京に偏っていた。「びーぐる」との関わりは、その一極集中を是正してくれた。

ふだんはミュンヘンからメールで編集に加わるだけだったが、十号刊行を記念するイベントには駆けつけた。その会場がブンコウだった。なんですか、と訊くと、他の三人の同人が呆《あき》れ顔で「大阪文学学校や」と教えてくれた。どこですか、と訊けば地下鉄「タニロク」すなわち谷町六丁目の近く。ブンコウもタニロクも微妙な関西アクセントがかかっていて、僕のなかの失われた母語が騒ぐのだった。

大阪文学学校は一九五四年の設立。初代校長は詩人の小野十三郎、歴代講師陣は竹中郁、開高健など錚々《そうそう》たる顔ぶれで、現在は「びーぐる」仲間の細見和之が校長を務めている。修了生は一万三千人にのぼり、多くの詩人や作家を輩出している。いかにも昭和なビルの三階の、雑然と本や原稿が積み上げられ、煙草《たばこ》の匂いの染みついた地味な佇《たたず》まいからは、意外なほどの華々しい実績なのである。

イベントには関西在住の詩人たちが多く集まった。当時九十歳の詩人日高てるの姿もあった。凛《りん》とした居住まいの日高さんに、詩人たちが次々と敬意と親しみをこめて話しかけている光景が印象的だった。世界各地の詩の集いでも、それぞれの地域の詩人たちの世代を超えた交流を、部外者である僕は羨ましい思いで見守ってきた。ある土地に根差すということは、固有の歴史を共有することだと気づかされた。

土地ではなく〈詩〉そのものを故郷にするなどとは、生身の人間には許されない虚しい戯言《ざれごと》なのだろうか。

日本　大阪

日中韓の歌の宴

大阪文学学校通称ブンコウに、日中韓の詩人が集い、三か国語で巻いた連詩を読んだ。二〇一五年八月十四日、当時の安倍首相による「戦後七十年談話」の発表に合わせたイベントだった。

その年の三月初旬、僕はミュンヘンでこの談話についての日本の報道に接した。戦争責任や謝罪がどう語られるのか、近隣諸国は注視し、政府は有識者懇談会を作って慎重な検討を重ねている云々《うんぬん》。聞きながら、なんとも言えない違和感を覚えた。内容ではなく、「談話」の文言が有識者によって協議されるというプロセスについてである。ふだん詩を書いている身としては、言葉に誠実であろうとするなら、その発語はひとりの人間の魂に根差していなければならないと思えたのだ。

次の瞬間、僕の頭の中に日中韓の三人の詩人が集って、互いに詩を詠みあい、歌の宴《うたげ》に興じている姿が浮かんだ。どうやらそこは各国政府が支配権を主張しあっている孤島のようだった。夏に談話が発表されるまさにその時、三つの孤心から放たれた言葉が交わり合う、そんな詩の宴を開いたらさぞや面白かろう。荒唐無稽は承知の上で、僕はそんな妄想を止められなかった。

数日後、物は試しと知り合いのオーストラリア詩人に相談したところ、たちまち候補者を推薦してくれた。彼は東アジア専門の詩書出版人でもあったのだ。韓国の代表的詩人キム・ヘスン、米国在住の中国人詩人のミン・ディと連絡が取れ、参加の意思を確認。日本からは僕のほかに谷川俊太郎が加わることに。瓢箪《ひょうたん》から駒、嘘から出た真《まこと》、三月末、僕は最初の詩をミュンヘンからメールで発信した。

サンマルコ広場の波止場でスーツケースを引き摺《ず》る
三人の娘たち　黒い髪　黒い眼
どこから来たのかな？黙っていたら
三羽の鷗《かもめ》みたいに区別がつかない
ねえ、声を聴かせて

それぞれの詩は英語を介してほかの二か国語に翻訳され、日本古来の連歌の要領で短詩を繋げてゆく。順風満帆の滑り出しだったが、思わぬ難関が待ち受けていた。

日本　大阪

復活と和解

二〇一五年春に行った日中韓三か国語連詩に、韓国から参加したのはキム・ヘスン。その時は知らなかったが、毎年ノーベル文学賞の候補に上がっているらしい。連衆《れんじゅ》としては申し分のない実力派詩人である。

ところが思わぬ展開が待ち受けていた。その一年前、韓国ではセウォル号というフェリーが沈没し、修学旅行中の高校生二百五十人が死亡・行方不明になる大惨事があった。その高校のある安山市の大学で教えていたこともあって、ヘスンは精神的なショックのあまり詩が書けなくなっていた。自分の詩の復活のきっかけになればという希望を抱いて、彼女は三か国語連詩に参加したのだった。

そんなこととは露知らず、僕が共通のテーマとして出したのは、こともあろうに「海」だっ

た。日中韓を結ぶ絆を意図していたのだが、ヘスンにとっては悪夢を呼び覚ます言葉である。果たして彼女から返ってきた詩は、

　鷗《かもめ》も眠る、丑《うし》三つ時
　子供たちは立ち去ってゆく、スーツケースをがらがら引いて
　（中略）
　西向きの岸壁から、人知れずフェリーが出てゆく
　この一年というもの、同じ子らの出発、同じフェリー、同じ雲、同じ空。

ヘスンの詩は、その後も溺れ死んだ子供たちのイメージを引き摺《ず》り続けた。連詩においては連歌同様、同じ主題を繰り返さず、絶え間なく変化することが求められる。これでは連詩そのものが破綻すると僕は焦った。

日本というよりは宇宙人枠で参加していた谷川俊太郎に相談すると、慌てず騒がず「このまま行こう」。本人が変わらない限り、傍から何を云おうと無駄だとお見通しだったのだ。これは政府答弁などではなく、詩なのだから。

三十六篇におよぶ連詩を書き進むなかで、ヘスンの詩に変化が生まれた。彼女の最後の詩

は、ろう学校の子供たちが、サッカーの試合のあと、「勝ったチームも負けた方も（中略）両手で蝶《ちょう》を作って陽光の中へ解き放つ」。ヘスンは詩を取り戻し、その詩の力で、死と和解することができたのだ。

日本　大阪

外国暮らしと母語

日中韓三か国語連詩に、中国語で参加したのは、米国在住のミン・ディ。初めて会ったのはロッテルダムの詩祭だったが、ほかの中国詩人を紹介することに忙しく、自身については寡黙な人だった。二〇一五年夏、日本で再会した時、初めて身の上を語ってくれた。

お母さんは——空のひと
お父さんは地に生きるひと（お母さんはそう云《い》うの）
お母さんは信じるひと、そしてお父さんは——（お母さんは云うのよ）
信じぬひと。
（略）

私が生まれた中国で
信仰を持つということがどういうことなのか、私には分からない

母方の祖父母は西洋の教育を受けていて、母はクリスチャンだった。父は違った。文革時代の中国では、キリスト教は弾圧されていた。重慶で生まれ育ったミン・ディは、八〇年代にボストン大学へ留学し、言語学の修士号を得る。そのまま米国に残って多くの詩集や現代中国詩の英訳アンソロジーを発表。オンライン詩誌「Poetry East West」の創設者でもあり、英語圏における中国詩のスポークスパーソン的存在だが、自身の詩はまず中国語で書き、それから自由に英訳するという。

日本で訪れたい場所は?と訊くと「大阪」という答え。祖父が大阪の大学で医学を学んだのだそうだ。僕の祖父、そして父母も大阪の薬科大学を出た薬剤師なので、その符合に驚いた。

ふたりで薬問屋の立ち並ぶ真夏の道修町《どしょうまち》を散策しながら、互いの外国暮らしについて話した。「アメリカは第二の故郷だけど、本当に落ち着けるのは中国語の中だけ。私は毎日そこで生きているの。だからもう『還《かえ》る』必要なんかないのよ」

下を向いて、お母さん、私を見て、私の目を覗きこんで、もっと

たくさんの星が見えるでしょう——
それは木々、私の網膜に
痛みを引き起こす場所なのです。

母の死には、駆け付けることができなかったという。母語の詩の中でならまた会えるだろうか。

（引用はいずれもミン・ディ作「海の葉」〈海叶集〉より）

日本　大阪

重なる夕日と朝日

日中韓三か国語四人の詩人が、九篇ずつ合計三十六篇の短詩を繋いでゆく連詩の試み。一回ごとに英語を含めた三つの翻訳作業が必要であり、参加者の居場所も東京（谷川俊太郎）、南カリフォルニア（ミン・ディ）、ソウル（キム・ヘスン）、トロント（韓国語の翻訳者）、そしてミュンヘン（僕）と世界中に分散していることを考えると、二〇一五年八月十五日の「戦後七十年談話」に間に合うかどうか不安だった。

ところが三月末に僕が発詩を送るやいなや、詩のリレーは一日も途切れることなく続けられ、なんと四月末には谷川宗匠の第36詩にゴールイン！

時代の風にあおられ古代の光に灼《や》かれながらも

私たちの曼荼羅《まんだら》は詩で世界のエントロピーに抗《あらが》う
こっちの夕日はそっちの朝日　お休みとお早うは螺旋状《らせんじょう》に明日へと向かう

四つの時差を跨《また》いでいたため、ひとりが自分の詩をメールで送ると、眠っている間に翻訳が行われ次の詩が書かれるという、グローバル二十四時間生産体制が実現したのだった。

七月にはシドニーのヴァガボンド・プレス社から詩集が出版された。予期せぬ障害は多々あったものの、国家レベルの、有識者懇談会に捏《こ》ね回された政治的言説ではない、詩人個々の魂に根差した詩的言語の交流という当初の目的は達成された。あとはこれをどういう形で発表するか……。

領有問題の渦中の孤島に四人仲良く乗り込んで、詩の宴を開くという妄想は諦めるとしても、せめて日本で集いたい。そう呼びかけると、ミン・ディはアメリカから、キム・ヘスンは韓国から駆けつけてくれるという。

僕は八月十五日、東京での記者発表の場を用意した。首相の談話発表にぶつけたかったのだ。せっかくだから大阪でもその前日、ブンコウこと大阪文学学校で朗読会を開くことに。半ば予行演習のつもりだったが、蓋を開けてみると談話の発表は十四日！　期せずして、ブンコウのテレビ画面に映った首相とともに、僕らは日中韓三か国の詩の言の葉を舞い散らせたのだった。

日本　大阪

翻訳者が結ぶ

多言語に跨《また》がる連詩においては、翻訳が成否の鍵を握る。二〇〇三年しずおか連詩では、ライデン在住の近藤紀子さんがオランダ語を、一八年ユーフラテス川の畔《ほとり》のハルフェティ連詩では、東京の大学で日本語を学んだエスラさんがトルコ語をそれぞれ訳した。一〇年の熊本連詩で英語を訳した日本文学研究者ジェフリー・アングルスが、それがきっかけで詩人となってしまったことは以前にも書いた通り。

彼らは徹底的に己を消して、外科医のメスの精緻さで異言語の亀裂を結ぶ。その技巧が優れていればいるほど、連詩の過程で彼らの存在を意識することはなくなるが、終わってみれば手元にある外国詩人の日本語も、彼らが読んでいる自分の外国語も、実はすべて翻訳者の言葉だという手品に気づく。

日中韓三か国語連詩では、中国語は詩人のミン・ディ自身が、日本語は僕が担当したが、韓国語はキム・ヘスンの詩の英訳者であるドン・ミー・チョイに依頼した。キム・ヘスンが全幅の信頼を寄せているだけあって、韓英翻訳の手腕は見事だったが、詩の解釈を巡ってメールを交わすうちに、この人も詩人ではないかと直観した。

訊けばすでに英語の詩集を出していた。フェミニズム、米韓関係、そして半島やベトナムでの戦争を、坩堝《るつぼ》に叩《たた》き込んだような壮烈な作品だった。

支度しろ、支度して北へ
詰め込め、詰め込んで南へ
お前の封印を解いて懇願せよ
お前の夫は空だ
いつの日か着地するだろう
彼の縫い目をほどいてまた閉じよ
またほどけ

（「内側の部屋からの教え」）

ドン・ミーの父は報道写真家だった。ベトナム戦争の取材で名を挙げ、米国大手メディアに雇われた。お陰で一家は独裁下の韓国から米国へ移住できた。彼女の詩は、祖国を見切った父と米国で育った自分の検証行為なのかもしれない。連詩の後、彼女は詩と翻訳の両方でマッカーサーフェローなど重要な賞を次々と獲得した。最新詩集の題名は『DMZ（非武装地帯）』だ。

日本　大阪

征服者の言葉で

大阪文学学校通称ブンコウの近くに「すかんぽ」という韓国料理店がある。ブンコウで詩のイベントを行ったあとの打ち上げはいつもそこだった。「キム・シジョンさんの店や」土地の詩人たちが教えてくれた。名前の漢字と音が最初は結びつかなかった。

金時鐘は一九二九年釜山で生まれ、済州島で育った。丁海玉編の金時鐘詩選集『祈り』には、彼の来し方が記されている。小学二年の時朝鮮語の授業がなくなり、日本語を「国語」として学んだ。少年は白秋や藤村など日本の詩歌に心酔し、朝鮮語から遠ざかった。お陰で家庭では、両親との会話さえ途絶えがちになった。

一九四五年戦争が終わった。彼はもう日本人ではなく、朝鮮人に戻らされたが、朝鮮語の読み書きはまるで出来ない。四八年、南北分断国家樹立に反対する闘争が済州島で始まり、数万人の島民が軍の武力鎮圧によって犠牲になった。青年も追われる身となり、翌年密航船で日本へ脱出する。その準備をすべて整え、送り出してくれた両親とは二度と会うことがなかった。

朝鮮戦争の特需に沸く日本で、金時鐘は詩を書き始める。「国語」として強制的に注入され、「母語」である朝鮮語を破壊した日本語で。なんという皮肉だろう。征服者の言葉によって、外国人としてその国に生きる厳しい現実を歌わなければならないとは！

私が居ついてしまったさきは
百年がそのまま　思い止んでいるところ
百年を生きても　思い浸る日はまだ
昨日のままで暮れているところ
故国に遠く　異郷に遠く
さりとてさまでは離れてもいない
立ち帰ってばかりの　いまいるところ
ここより遠く　よりこのここに近く

（「ここより遠く」より）

二〇一五年八月十四日、日中韓三か国語連詩を発表したブンコウの教室に、思いがけず金時鐘が現れた。八十六歳とは思えぬ毅然たる立ち姿で、自作の詩を朗読した。テレビでは首相が戦後七十年談話を読み上げていた。そのどちらもが日本語であるという事実が、十字架のように重く響いた。

ドイツ

住むのではなく

日本統治下の朝鮮に生まれ、幼くして母語を奪われ、「国語」としての日本語で詩を書くことを余儀なくされた金時鐘の運命に接すると、同じ時代を生きたもう一人の詩人が思い浮かぶ。

ローゼ・アウスレンダー。一九〇一年、チェルノヴィッツに生まれる。当時はオーストリア=ハンガリー帝国領だったが、第一次大戦後はルーマニア領、その後ナチスの支配を経てソビエト連邦となり、いまはウクライナ領である。目まぐるしく国が変わるのだが、そこに民族と言語の問題が加わる。彼女はユダヤ系ドイツ人だった。

ナチスに追われて地下生活を送り、米国に逃れる。母語であるドイツ語が、いまや敵の言葉になった。

私は語るのです
あの燃え上がった夜のことを
（略）
黄色い星のことを
その星の上で私たちは
刻一刻と死んでいった
あの死刑執行の時代に

だがローゼは第二次大戦勃発直前に自ら故郷へ戻ってくる。母が病気になったのだった。ふたりはユダヤ人ゲットーで二年間を過ごすが、辛うじてガス室送りは免れる。

終戦後ローゼは再び米国に移住する。数年後故郷の母が死ぬ。それからの十年間、彼女の詩はすべて英語だ。ドイツ語では書けなくなったのだ。そんな彼女に、母語との和解を促したのは、米国の詩人仲間であり、同郷のユダヤ系ドイツ語詩人パウル・ツェランとの再会だった。

一九六五年、ローゼはヨーロッパに戻ってくる。それもドイツに。再びドイツ語で書き始めるが、その詩からは一切の美辞麗句が削ぎ落されていた。晩年は老人ホームに身を寄せ、人前に出ようとはしなかったという。それでも死の直前まで詩を書き続けた。ちなみに「アウスレンダー」とは、ドイツ語で「異邦人」の意味である。

薔薇《ばら》について私は
語りはしない
彷徨《さまよ》い揺らぎ
ブランコにのって
ヨーロッパ　アメリカ　ヨーロッパと
私は住むのではない
私は生きるのです

（「伝記的メモ」より）

（翻訳は加藤丈雄訳編『雨の言葉　ローゼ・アウスレンダー詩集』より）

日本　東京

精神的なワクチン

東京・神田の書店街の一角にチェッコリはある。「韓国と本でつながる」を合言葉とするユニークな出版社Cuon（クオン）の直営書店だ。初めて訪れたのは二〇一五年夏、日中韓三か国語連詩の打上げの相談だった。笑顔の優しい小柄な女性が、外は暑かったでしょうと冷え切ったマッコリを出してくれた。それがCuonの社長キム・スンボク（金承福）さんだった。店内には韓国の本や絵本の日本語訳や原書、また韓国について書かれた日本語の本が版元を問わず、所狭しと並んでいた。

話してみると韓国の詩人たちを実によく知っている。それもその筈《はず》、名門ソウル芸術大学で著名な詩人たちから詩を学んだという。なかでも三か国語連詩に参加したキム・ヘスンはスンボクさんの恩師だった。ちなみにその大学では、各地方で名を上げた少年少女詩人らが、自信作をひっさげて全国から集い、詩人講師群の厳しい指導のもと、道場さながらの鍔迫《つばぜ》り合いを繰り広げていくのだそうだ。

二〇年春に帰国した僕に、スンボクさんから思いがけぬ依頼があった。「世界各地の詩人にコロナ禍をテーマとした詩を書かせてくれませんか？」誰よりも彼女自身が読みたいのだという。3・11のときも、震災を記録した詩歌を読むことで心の傷を乗り越えた。精神的なワクチンとしての詩が必要なのです……！

数か月後には約二十か国五十六名の詩人からなる『地球にステイ！ 多国籍アンソロジー詩集』が出来上がっていた。二二年には、四十八か国百八人の詩人のパンデミック連歌『月の光がクジラの背中を洗うとき』を、日本語と韓国語で同時刊行。出版人としての驚異的なスピードとエネルギーに圧倒されるばかりである。

だが彼女の関心は経営よりも書籍そのものにあり、そこに籠《こ》められた精神にある。だからその活動は会社や国を超えた広範なネットワークとなり、遠く離れた人と人とを結び合わす。それはまさしく詩の効用ではないか。スンボクさんは僕にとって、行動する詩人であり、頼りになる詩の仲間だ。

オランダ　ロッテルダム

スーツケースの移動図書館

小さな机の上に整然と並べられた詩書の数々、木製スタンプとスタンプ台、誇らしげに掲げられた「開館中」の札。机の向こうに座っているのは、地味な灰色の制服に鼻眼鏡とよじれたネクタイ、襟元に何やら得体の知れぬ缶バッジをつけたひとりの女性。にこりともせずこっちを見ている。

ようこそ詩歌移動図書館へ！　どれでもお好きな詩集を借りられます。まずは会員登録を。次に当図書館の利用規約。寝転がってもいいけど、鼾《いびき》は禁物。身だしなみは整えて。では右向いて、今度は左。ちょっと髪の毛伸びてるし耳垢も溜まってるけど、大目に見ましょう。はいこれが図書カードと特典オリジナル俳句。お楽しみに！

いかにも厳格な司書のいでたちだが、よく見れば若い女性。場所は公園の一角や駅の入口、時には詩祭会場。実はこの「詩歌移動図書館」、英国の図書館学研究家にしてアーティスト、サラ・ウィンゲート・グレイの詩的パフォーマンスなのである。

サラは二〇〇六年全財産を処分し、スーツケース二つ分の詩集だけをもって放浪の旅に出た。ヨーロッパ各地、のちには米国やカナダにまで「詩の図書館」を「移動」させるために。非営利だから、生活費は一日一ユーロ。友人たちの家を渡り歩き、時には残飯まで漁ったという。その間、スーツケースの中の本は絶え間なく入れ替わり、人から人へと「越境」してゆく。

サラにとって、図書館は知の公共性と流動性の象徴であり、利潤と所有に取りつかれた現代社会への抵抗である。スーツケースの中の詩書は、経済合理性のなかで居場所を失った人間性の似姿だ。それを自ら携え、世界中に開放することで、彼女はひとりだけの革命を実行しているのかもしれない。

初めて会ったときは数百名だった会員数が、数年前オランダの詩祭で再会した時には二千人を優に超えていた。今はロンドンの大学で図書館学と詩の創作を教えているそうだ。出世したもんだねえ、というと「おまけに結婚までしちゃったのよ」と美しい女性の「妻」を紹介してくれた。

オランダ　ロッテルダム

いや、ＡＩで書けるよ

始まりはビール片手の立ち話だった。イランの詩人アボール・フロウシャンに、「日本じゃＡＩを使った詩の作成サイトが流行ってるんだけど、これがみんなハイクかタンカなんだ。やっぱり機械に自由詩は無理なんだろうね。自由詩こそ人間の証なのさ」と軽口を叩《たた》いたのだった。ところがアボールは真顔で答えた。「いや、書けるよ。もちろん定型詩の方が簡単だが、自由詩だってきっと書けるはずだ」

アボールは滔々《とうとう》と語り始めた。俳句であれソネットであれ定型詩というものは、まず形式があって内容がそれに従う。一方自由詩の場合、形式は内容に応じて都度設定される。そこさえクリアできれば、あとは定型詩の自動作成と同じことだ。実際ＡＩによる自由詩はすでに書かれていて、人間の書いた詩と区別するのは難しい。グーグルではディープ・ニューラル・ネットワークを使って過去の詩人たちの思考や文体を蘇らせ、新作を書かせようとしている、云々《うんぬん》。どうも話が専門的だと思ったら、なんとアボール、コンピューター科学者でもあり、ロンドンで国際的なＩＴプロジェクトを統括しているという。

だがそれにしても、と僕は食い下がるのだった。内容に応じて形式を設定するためには、ある統一された知性というか人格というか、つまり人間性みたいなものが必要なんじゃないか？

「面白そうな話をしているわね」とそこへ割り込んできたのは、イスラエル在住のアメリカ人翻訳家、リサ・カッツだった。「エラン・ハダスという詩人は、すべてコンピューターに詩を書かせているの。彼はそのプログラムを作成するだけ。一個のプログラムが彼にとっての詩集なのよ」

深淵と精霊
神─彼女は浮かんでいる
水の面に

「たとえばこれはコンピューターに旧約聖書のモーゼ五書を入力して書かせたハイク。彼紹介するから、あなた達三人でＡＩ詩特集を組んでみない？」

二〇一八年のロッテルダム詩祭の合間、生成ＡＩが話題をさらう五年前のことであった。

イギリス　ロンドン

所属に「AI」を追加

英国在住のイラン人アボール・フロウシャン、イスラエル在住のユダヤ人エラン・ハダス、そしてドイツ在住の日本人四元康祐という奇妙な組み合わせの三詩人は、二〇一八年夏以降、AI詩の可能性について、オンラインの討議を重ねた。もっとも国際的なITコンサルでもあるアボールと実際にAI詩を作成しているエランの前では、僕の役どころは人間詩人代表として素朴な疑問を発し続けるだけである。

けれどそのなんと刺激的だったこと！　たとえばAIは詩をどうやって「推敲《すいこう》」するのかと訊けば、「テキスト生成ソフトが捻りだした言葉を、キュレーションソフトが判定する。ただしその判定はイエスかノーだけ。ノーの場合はテキスト生成ソフトが新しい言葉を捻りだす。それを猛スピードで繰り返す」という答え。それって、僕が詩を書くときのプロセスと同じではないか？「推敲者」という詩のなかで、僕は「そのひとは何も云わない／ただ眉を曇らせ／困ったような表情を浮かべながら／かすかに首をふるだけ」などと書いているのだ。

彼らを相手にＡＩ詩問答を繰り広げることは、詩とは何か、そして詩を書く自分とはどういう存在なのか、を問い直すことに他ならなかった。

忘れたまえ、芸術とかけら、共通の部品と他の月々は。
終末は色づいている。
月々と感覚、リンクと部分——全ては記録された。
（エラン・ハダス「自嘲者」より。この詩はジョルジュ・ペレックの小説『人生使用法』のテキストを素材に、当時のマシーン・ラーニング技術を用いて自動作成された）

三人の討議の結果は、その秋 Poetry International Web 誌上でＡＩ詩の実作とともに発表された。それまで国ごとだった詩人の分類に、無国籍な「ＡＩ」というカテゴリーが追加されたのが痛快だった。年末にはロンドンで公開シンポジウムも開催した。題して「ロボット詩人の到来—歓迎すべきか？」。それでも僕にはまだ分からなかった。たとえどんなに優れた知性があろうと、感覚を味わう肉体も意識もない存在に、詩が分かるのだろうか？

日本

ＡＩは欲望を持つか

詩において、ＡＩと人間を隔てるものは何なのか？その疑問を僕は三宅勇介にぶつけた。彼は短歌俳句川柳長歌旋頭歌《せどうか》そして自由詩となんでもござれの越境的歌人だが、人工知能が自身の振りをして短歌を詠んだとしたら、という思考実験の短歌もあるのだ。

焼き鳥の串突きつけて説教をするヒトの目の焦点合はず

焼き鳥の頭部は透けてその脳に人工知能が埋め込めてあり

短歌これ二進法で進む時歌やがて縄文語に近づく

（『亀霊』より）

彼の答えはこうだった。「書くことへの欲望の有無に尽きるのではないか。人間はその欲望から逃れることはできないが、AIにはそれを感じることができない。AIに詩を書く欲望が生まれたとき、それはもう人間なのでは？」

こんなAI詩問答を交わして二年後の二〇二〇年初夏、三宅さんから海外の詩人たちとの連句への誘いがあった。伝統的な歌仙のルールに則《のっと》って、五七五の上の句と七七の下の句を連ねる定型で行うという。参加者を選ぶ段になって、三宅さんが無鉄砲なことを言い出した。人間だけじゃなくAIにも入ってもらおう。AIを駆使して詩を書くイスラエルのエラン・ハダスなら連句作成プログラムが作れるかも……。

数か月後、エランから一通のメールが届いた。「アッシ」と名付けられたプログラムが添付されていた。起動させるのに何十分もかかるほどの容量だったが、使い方はいたって簡単。季語を指定し、先行する句を入力してリターンキーを押すだけだ。世界初のAI連衆《れんじゅ》の誕生だった。

直前に父を亡くした僕は、この座のなかほどで、こんな句を詠んだ。

亡き父が蚯蚓《ウォーム》の穴《ホール》からあっかんべー

次はアッシの番だった。

　松の千歳に左手の麦

無人の能舞台と、その左の橋掛りの向こうに広がる広大な麦畑が脳裏に浮かびあがった。それをトルコの（人間）詩人が引き取って、

　我が杯を泳げや蠅《はえ》の名残浦

思いがけず、酒の好きだった父への挽歌《ばんか》が生まれた。

ニカラグア　グラナダ

モテモテのポエタたち

「ポエタ!ポエタ!」市場を歩くと見知らぬ人から声がかかる。ポエマは詩、ポエタは詩人だ。「ポロポロ!」昨夜広場で朗読した僕の詩の一節を真似してみせる人も。大通りの頭上には数え切れぬ横断幕、そのひとつひとつに詩人たちの名前と詩句が旗めいている。

赤道ほぼ直下の国ニカラグア、その古都グラナダの詩祭。朗読は灼熱《しゃくねつ》の太陽が沈んだあとの星空の下、屋外の広場にて。土地の人々が三々五々夕涼みがてらやってくる。周囲には屋台が並び、夜更かしを許された子供たちが走り回って、まるで日本の盆踊りの夕べのようだ。

人口十三万ほどの街に、世界各地から百人以上の詩人が集まっていた。大半は中南米の詩人だが、その風土文化はカリブの島々からアンデスの山岳地帯、アマゾンの密林まで千差万別。そこへかつての侵略者スペインをはじめとする欧州諸国の詩人も加わって、さながら万国博覧会的な様相だ。

詩人たちはみな手首に黄色いバンドをはめている。それさえ見せれば会期中の飲み食いは保証されるのだ。宿はコロニアル風の中庭があるホテルで、僕の隣はミック・ジャガーの元妻、ニカラグア人でこの詩祭のスポンサーだということだった。

詩祭のクライマックスは「詩のカーニバル」。この日は学校も休みになって、町中がお祭り騒ぎ。そこを詩人たちが練り歩き、なぜか葬列に模された山車の上から詩を朗読、というより絶叫する。その様子を僕は『偽詩人の世にも奇妙な栄光』という小説のなかでこう描いている。

「葬式馬車から本物の棺桶《かんおけ》が引きずり出される。いつの間にか壇上にずらりと並んだ詩人たちに向かって、骸骨と化した男たちがそれを肩に担いで運んでゆき、威嚇するようにまた誘いかけるように、ひとたびふたたびみたび突き出せば、詩人たちも身を乗り出して手を伸ばし、棺桶に触ろうとする。聴衆は熱狂する。」

とにかく詩人というだけでモテモテなのだった。女子学生の大群に取り囲まれてサインをせがまれるだなんて、後にも先にもこの時だけだ。

ニカラグア　グラナダ

和解の過程で

詩人だというだけで飲み食いは保証され、行く先々で少年少女に囲まれてはサインをねだられる。ここは竜宮城かエデンの園か。二〇一三年二月のニカラグア・グラナダ国際詩祭は夢のような体験だった。

だが数日過ごすうちに気が付いた。街のいたるところに Reconciliación と書かれたポスター。英語だと Reconciliation、つまり「和解」。たしかに握手を交わす二本の腕が描かれている。そうだった、ニカラグアという国は七〇年代半ばから九〇年ごろまで、国を二分する激しい内戦が繰り広げられた。僕が米国に移住した八六年夏、テレビは連日イラン・コントラ事件を報じていたが、あのコントラとはニカラグアのサンディニスタ革命政府を倒すべく、米国政府が秘密裏に資金を提供した反共右派ゲリラ組織の名前だった。内戦終了から二十年以上を経ても、人々の心身の傷は癒えず、国を挙げての長い和解の過程にあったのだ。

詩祭に参加していたひとりの老詩人に対する聴衆の熱狂的な声援が、その時ようやく腑《ふ》におちた。エルネスト・カルデナル、グラナダ生まれの当時八十八歳、カトリック司祭にして革命運動家、サンディニスタ政権の初代文部大臣も務めた異色の詩人である。

ベレー帽の下にふさふさの白髪を靡《なび》かせたこの老人が壇上に現れると、聴衆は一斉に立ち上がり拍手と歓声が鳴り止まない。中南米の詩人たちは国を問わず我勝ちに彼を取り囲む。この伝説の詩人を一目見るためだけにここへ来たと語る者もいた。そこには宗教的な崇拝と愉悦の気配すらあった。

カルデナルは二十代に文学を学び、三十代で宗教に目覚め、四十代にはニカラグア湖の島にアーティストコロニーを作った。そしてキリスト教的共産主義者として「復讐《ふくしゅう》なき革命運動」を主導してゆく。

「政治、経済、社会、宗教そして神秘をひと塊の現実として表現するのが私の詩だ」と彼は云う。事と心と行為の三位一体としての詩。詩を浮世離れした言の葉の芸と捉えがちな国から来た僕にとっては、衝撃だった。

ニカラグア　グラナダ

書く・教える・助け合う

ローレルに出会ったのもニカラグアの古都グラナダだった。一見日本人かと思いきや、口を開くと流暢《りゅうちょう》なアメリカ英語。姓はナカニシ、ハワイ出身、モンタナ大学を卒業後フルブライト奨学金を得て、ニカラグアに来ていた。

El Castillo という町で子供たちに詩を教えているという。「このニカラグア湖の反対側の山の奥、密林のなかの川を何時間も遡ってゆくんです」

詩を書き、芝居を演じ、ダンスを踊り、絵を描くことを総合的に学ぶアート教育プログラムを自ら立ち上げた。名付けて NicaArts。

そういえば、グラナダ国際詩祭では、外国詩人の作品のスペイン語訳を、首都マナグア大学の演劇科の学生たちが朗読したのだが、それが素晴らしかった。詩の言葉が若い彼らの声と肉体を経て、その場にいるすべての人々の心の奥に届けられてゆく。そこには芸術を共同体の生活に解き放とうとする思想と教育的な配慮があった。国民的詩人エルネスト・カルデナルが、かつて農民たちと芸術コミューンを作ったのも、同じ理想の実践だろう。

その後ローレルはハワイに戻り、結婚して一児をもうけたが、いまも世界各地の子供に詩を教え続けている。

彼女のホームページには、その様子を収めたビデオがアップされている。①五感を開いて②周囲を観察し③見つけたものを擬人化する④それを直喩や⑤暗喩を使い⑥韻を踏んで表現する、という六段階メソッドだ。シャドラックという名前の人形と一緒にゲーム感覚で辿ってゆくうちに、小学生低学年でも自然と詩が書けてしまう。

ローレル・ナカニシにとって、詩を書くことと教えること、そして人々が自然とともに助け合って生きてゆくことは、分かち難く結びついている。

詩祭の最終日、ローレルから未発表の詩のコピーをもらった。読んでいると、ハワイの波と、ニカラグアの風の音が聞こえてきた。一昨年それらは一冊の詩集に結実して賞を受けた。

Kauawa'ahilia（雨）とKuaki'owao（霧）の双子が
谷を駆け抜けてゆく

虹を連れて

（詩集『Ashore』より）

インド　ベンガルール

憎悪を裏返す

詩というものを、文芸の枠に閉じ込めず、社会的な現実に解き放ち、人々の生に役立てようとする詩人たちがいる。特定の思想や教条を広めるためのプロパガンダ詩ではない。むしろ詩の言葉の多義性と全体性を通して、政治や経済がもたらす分断と格差を乗り越え、個と個の間に共生と連帯の感覚を取り戻そうとする試みだ。インド・ベンガルールを拠点とするマムタ・サガーはその一人だ。

インドは多民族・多言語国家だ。宗教も様々な上に、カースト制度もある。マムタは自ら詩を書く傍ら、長年大学で詩を教えてきた。時には地方の村に赴いて詩祭を開く。逆にインド各地の若者たちをベンガルールに招いて共同制作を指導する。本人はあえて母語であるカンナダ語で書くことを自らに課してきたが、教育の場では英語を共通語として異言語間の翻訳を促す。各地域に伝わる古典を題材にしつつ、そこに籠《こ》められた差別や憎悪を裏返して、愛と受容の文学にリサイクルする。参加者には、カーストの最下層に属する若者や保守的な政権下では疎外されがちな性的少数者も多いという。

河のなかに
空がある、雲がある、太陽がある。

合わせた私の手のなかに
河がある。

両手を振り放つと
河は零《こぼ》れる、あたり一面に
空と雲と太陽が
砕け散る。

合わせた手から河を飲めば

私のなかに
太陽がある、雲がある、空がある。

そこで質問。誰が何を
湛《たた》えているのか？

（「リバーソング」全文）

詩がただの言葉の戯れだと思ったら大間違い、とマムタは云う。詩は閉ざされた集団の均質性を打ち破り、若者たち、とりわけ貧困と因習の呪縛に囚《とら》われている女性が自由と尊厳を勝ち得るための強力な武器なのだと。

ズーム越しにマムタの話を聞きながら、僕は日本で詩を学ぶ若者たちの顔を思い浮かべる。単一民族・単一言語の国家という幻想のなかで、彼らもまた疎外感に苛《さいな》まれ、詩に活路を求めているようだ。インドと日本の若者たちが、互いの詩を翻訳し、声を合わせて朗読する光景を僕は夢想する。

スロベニア

言語と個の二重の壁

マムタ・サガーと初めて会ったのは、二〇一〇年イタリアとの国境に近いスロベニアの田舎町だった。いや、町どころか村でさえない野中の一軒家のホテルである。ほかにマルタのアントン、中国の西川《シーチュアン》、スペインのヨランダ、ロシアのスタニスラフ、そして地元スロベニアのヴェロニカがいた。僕らはここで寝起きを共にしつつ、互いの詩を訳し合おうというのだった。あまりの僻地《へきち》ぶりに茫然《ぼうぜん》としている七人の詩人に、主催者のブラネ・モゼティックは冷酷な笑みを浮かべて言った。「去年の宿舎は海辺の街だったんだが、みんなビーチで泳いだりバーで飲んだりで、仕事が捗《はかど》らなかった。ここだと存分に集中できるだろう?」

相互翻訳ワークショップと呼ばれるこの種の試みは、ヨーロッパでは珍しくないが、その大半が言語的小国で催されている。僕が招かれたのも、スロベニアの他にはリトアニアとスペインのガリシア語地域だった。異言語の詩人たちを招いて、自分たちの国語を世界に発信し、同時に他国の詩を取り込むことで母語を活性化させる意図が込められているからだろう。その背後には、うかうかしていると英語を始めとする大国の言語に呑みこまれてしまうという危機感がある。

参加する個々の詩人にとっては、自分の詩が言語の壁を越えて生き延びられるか、そして他人の詩をどこまで自分のなかに取り込めるかが試される恐ろしい道場でもある。だがその試練を乗り越えた暁には、互いの心の深部を覗《のぞ》きこみ、秘密の果実を分かちあったかのような絆が得られる。普段ひとり部屋に籠《こも》って書いているからこそ、その喜びは計り知れない。

翻訳作業は英訳を介して行われる。一つの詩を七人が囲み、一語一語質疑を交わす。聞いたこともない地名や人名を学び、言葉の背後に籠《こ》められたその言語特有の連想や極私的な記憶を打ち明ける。短い詩でも時には数時間かかるが、これを深夜まで続けながら、言語と個の二重の壁をすり抜けてゆく。

通関の国境を消す子のひらり

（アントン・カサール「空港」全文）

スロベニア

酷似した中ロの事情

二〇一〇年五月、ぼくら七人の詩人は幸福な囚人としてスロベニアの片田舎に幽閉され、朝から晩まで相互翻訳に勤《いそ》しんでいた。たまに主催者ブラネの恩赦で海辺の街に連れて行ってもらうほかは、三度の食事もホテルの食堂だった。メニューも乏しいしょぼい食堂だったが、なぜかいつもABBAの曲がかかっていた。

それに合わせて踊るのがささやかな息抜きだったのだが、ある時中国から来ていた西川《シーチュアン》が「これは誰の音楽か？」と訊いた。ABBAだよと答えると「それは何だ？」。え、知らないの？

西川は一九六三年生まれ。現代中国を代表する詩人で、北京大学教授。その知性と教養は圧倒的で、文学談義をしている限り生まれ育った環境の違いを感じることはなかった。だが相互翻訳の過程では、日常的な事柄になればなるほど説明が必要となり、冷戦時代の東西の断絶を思い知らされた。
同じ東側でも、一九七二年生まれのモスクワっ子、スタニスラフとはそこまでのギャップはなかった。冷戦が終結した時、彼はまだ十七歳だったのだ。
ある晩この二人が学生時代、どうやって西側の文学にアクセスしたかという苦労話で盛り上がっていた。その点では中ロの事情は酷似していて、翻訳叢書《そうしょ》の装幀まで同じだったとか。そういう話を聞くと、ふたりの詩に共通するものが感じられるのだった。

蠅《はえ》を蠅と呼ぶかどうかはどうでもいい
その蠅が五月蠅く飛び回っているのもどうでもいい
その腹にはインクが詰まっていて青い小便を垂らすのもどうでもいい
そいつが模範的な蠅であろうと決意したことだってどうでもいい
俺たちには係《かか》わりのないことだ
（西川「どうでもいいことの歌」より）

ロシアン・ラジオＦＭ局から
ポップソングが流れてくる

「どうすりゃいいのさ？」
若い奴が訊《たず》ねている
「どうすりゃいいのさ？」

（スタニスラフ・ルボフスキー「がやがや」より）

スロベニア

不利な道を選ぶ者

スロベニアの山中に集まった七人の詩人のなかに、深紅のチャイナドレスに身を包んだ黒髪の女性がいた。ヨランダ・カスターニョ。スペイン北西部ア・コルーニャという港町の出身。けれども自分はあくまでもガリシア語の詩人だと、自己紹介で言い切ったのが印象的だった。

ガリシア語はガリシア州の公用語で、スペイン語よりもポルトガル語に近い。ガリシアは独自の文化を有し、かつてはスペインからの独立運動も盛んだった。だが近年はもっぱら経済的な理由でスペイン語を話す人が増え、ガリシア語話者は減少気味らしい。

ヨランダは詩を書くだけでなく、ガリシア語の絵本を書き、地元の学校でガリシア語の詩を教え、バンドを率いてガリシア語の歌を唄《うた》い、当時はガリシア語放送のクイズ番組の司会まで務めていた。まさにガリシア語の守護聖人のような詩人である。ヒンディー語ではなく、あえて故郷のカンナダ語で書き続けてきたインドのマムタ・サガーと意気投合したのは言うまでもない。母語への愛ゆえに、読者数や英語への翻訳を考えるなら圧倒的に不利な道を共に選んだ者同士なのだった。

わたし、ある日トルストイの庭になっているリンゴの実を摘んだ
けれど今わたしは家に帰りたい
ア・コルーニャの街の
わたしの一番好きな隠れ家——
あなたのもとへ。

（「トルストイの庭のリンゴ」より）

ヨランダはその後何度も僕をガリシアの詩祭に招き、そのたびに土地の詩人や作家に紹介してくれた。そのひとりはルイス・リスコ、ガリシア独立運動の精神的な支柱でもあった知の巨人ヴィセンテ・リスコの子孫で、彼とはガリシアの巡礼路や熊野古道を共に歩くことになるのだが、それもまたヨランダのガリシア文化発信戦略の一環だったのかもしれない。

二〇一五年、ヨランダはガリシアの最西端の孤島で相互翻訳ワークショップを主催した。フランコ独裁下で政治犯が収容されていたという島で、僕らは再び幸福な囚人となったのだ。

アメリカ　アイオワ・シティー

いざ、アイオワ

卒爾《そつじ》ながら、アメリカはアイオワ州アイオワ・シティーに来ています。八月半ばから十一月初めまで、国際創作プログラム（ＩＷＰ）なるものに参加するためである。

ＩＷＰは一九六七年に創設されて以来、これまで百五十か国・地域から千六百人の作家を招いている。日本からの参加は古くは田村隆一、白石かずこ、吉増剛造、中上健次、大庭みな子、最近では柴崎友香、滝口悠生、新井高子など詩人や小説家計三十九人、二年に一回以上は来ている勘定だ。

今年は北から南へフィンランド、ポーランド、ウクライナ、ブルガリア、ボスニア、スペイン、オランダ、トルコ、イスラエル、アラブ首長国連邦（ＵＡＥ）、エジプト、イエメン、カメルーン、ナイジェリア、南アフリカ。東に向かってカザフスタン、パキスタン、インド、中国、香港、台湾。海を渡ってメキシコ、ニカラグア、ジャマイカ、アルゼンチン、そしてフィジーからの詩人、小説家、ノンフィクション作家など三十五名。日本からは僕のほかに小説家の李琴峰さんが一緒なので、心強い。

李さんは台湾出身の日本語作家だが、そういう例は珍しくない。カザフスタンの詩人はソ連時代に学校で習ったロシア語で、イエメンの詩人は移住先のオランダ語で書いている。ナイジェリアやジャマイカの詩人は最初から英語である。まるでバベルの塔のような多言語の坩堝《るつぼ》のなかで、三か月寝起きを共にすることになる。

宿舎はアイオワ大学の運営するホテルで、キャンパスの中にある。というかアイオワ・シティーそのものが大学街なのだ。徒歩十五分以内に多くの校舎、図書館、美術館、スポーツ施設、劇場がひしめき合い、その隙間にバーやレストラン、書店や映画館が詰めこまれている印象。道行く人のほとんどが我が子の年頃の学生です。

作家による朗読会や討論会、それぞれの言語を専攻するアイオワ大生との共同翻訳などが企画されているが全貌はまだ見えません。これから追々ご報告いたしたく。今日は創作科の院生たちとのピクニックがあるそうです。

アメリカ　アイオワ・シティー

共同制作のダイナミズム

米国アイオワ大学を舞台とする国際創作プログラム（ＩＷＰ）に参加して、約三週間。全体の四分の一を消化したところで、ようやくリズムが摑めてきた。

月曜日は創作科の学生を対象に「世界文学の現在」講座。ＩＷＰの作家たちが交代で自らの作品を語る。火曜日は米国現代詩をめぐる自由討議。今週のテーマは「ハイブリッド文学」だ。水曜日の午後には近くの教会の施設を借りて手料理を作り合い、木曜日は近郊のショッピングモールまで買い出しのバスが出る。金曜日は超忙しくて、昼に市立図書館で公開討論会、午後は大学院生との翻訳プロジェクト。夕方には作家同士の朗読会。日曜日の午後にも街の本屋で朗読会があって、夜には各作家が選んだ映画を観る会も。

その合間を縫ってピクニックやコンサートなどの催しがあり、シカゴとＮＹへの遠征も企画されている。後半には各自の作品を芝居や舞踏の舞台に乗せる試みもあるとか。僕の場合は日本文学専攻の学生への講義などもあって、全部に参加していたら、あっというまに三か月が過ぎてしまいそう。主催者側もその点は弁《わきま》えていて、全ての催しは自由参加、自身の創作活動を最優先するよう言ってくれるのだが、ついつい出ていってしまうのだ。

個々の行事の中身もさることながら、それを通して世界各地の作家たちと知り合い、語り合う魅力には抗しがたいものがある。フィジーの詩人は土地の刑務所を訪れて囚人たちと詩を書いているそうだが、詩と社会との関係が日本のそれと似ていることに驚いた。イスラエルの女性詩人は、僕が紹介した与謝野晶子の「君死にたまふことなかれ」に応えて、自分の弟が戦場に送られたときのことや、現在の不安定な政治状況について語ってくれた。一見離れ離れの事象が意外なところで結びついて、新しい視座が生まれ、次なる作品のアイデアを得る。

大岡信は名著『うたげと孤心』で連歌などの共同制作のダイナミズムを考察したが、IWPもひとつの大きな詩の宴だ。他者と深く交わることで、各自の個性が鮮やかに輝き始める。

アメリカ　アイオワ・シティー

母親とタロイモ

今回はアイオワ大学を舞台とした国際創作プログラム（ＩＷＰ）で親しくなった詩人たちを紹介しよう。

スーネスト・ナタニエル。ナイジェリアの詩人。肩書はスポークン・ワード・アーティスト、テキストを持たず声だけで詩を語り聞かせる。その点ではラッパーと似ているが、内容は徹底的に文字で練り上げられ、本人がスペキュラティブ・リアリズム（不確実な現実主義？）と呼ぶ独特の手法で自らの部族の歴史と未来を描き出す。一見気のいいアンちゃんという感じで、一家の生活を支えるためにサッカーをしていたそうだ。鮮やかな民族衣装をまとった若い妻の写真を見せてくれた。

母さんは美味《おい》しい唄をうたうが、愚か者の耳には食べられない。
母さんはうたう、愛はタロイモ、我慢強さは油だと。
そしてこの食事を味わうためには、
もう一度乳歯を生やすだけでいいのだと。

（「カメルーンの女」より）

ヤシカ・グラハムはジャマイカ在住の詩人、小説家、ノンフィクション作家、映像作家。すらりとした長身と腰まである褐色の髪からレゲエの音楽が聞こえてきそうだ。まるでファッションモデルみたいだと思ったら、学生時代は実際にモデルとしても働いていたとか。いまはラジオのパーソナリティとして生計を立てているという。

都会で暮らす私のことを
母は案ずる
タロイモ1ポンド豆1パイントだってここではお金がなけりゃあ
食べられないと。

（「生存」より）

実家は島の西端にあり、お母さんは首都に住んでいるヤシカのもとへ、四時間もバスに乗って土地の作物を大量に届けてくれるのだそうだ。

両方の詩に母親とタロイモが登場するのが興味深い。大西洋を挟んで共有するルーツがあるのだろう。ふたりとも執筆は英語で行い、苗字はイギリス風だ。ヤシカの最新詩集は『我々のうちの誰かは、いつか故郷へ帰れるだろう』という題名。ポスト・コロニアリズムを、文化的な意匠ではなく、生身の現実として生きているのだ。

アメリカ　アイオワ・シティー

「小説界」のまばゆい切実

アイオワ大学の国際創作プログラム（ＩＷＰ）には詩人・小説家・ノンフィクション作家・脚本家など多様な領域の書き手が集っている。ふだんの雑談でその区別を意識することはないが、互いの活動を知り合うにつれて、自ずと「業界」の違いを感じさせられることになる。

詩に比べると小説の世界はやっぱり賑《にぎ》やかだ。ベルリン在住の台湾人小説家ケヴィン・チェンこと陳思宏は、なかでもひと際華やかな存在だ。もともと俳優だったというイケメンで、同性愛者を自認し、スーツに派手なシャツを着こなす。話上手で講演や朗読会はいつも笑いと拍手の渦である。

二〇一九年に発表した自伝的小説『亡霊の地』が国内外で成功を収め、世界十数か国で翻訳出版。日本にもプロモーションに行ってきたとかで、邦訳の書評を見せてくれた。つい先日はウクライナでの出版契約が成立したそうだが、そのたびにかなりの額のお金が動くかの口ぶり。詩人には想像もつかない世界だ。

一九八四年生まれのラウール・デ・ジョングは、現在まさに世界に羽ばたきつつある小説家だ。今年発表した『ボート・ダンス』がオランダで大ベストセラーとなり、一躍脚光を浴びた。前作の『ジャガーマン』もヨーロッパ数か国で翻訳されているが、英訳はまだだとか。そんな彼にとって、このプログラムは英語圏への参入という点でも大きな意味を持つだろう。

ラウールはオランダ生まれだが、父はスリナム（旧オランダ領ギアナ）からの移民である。幼少期に別れた父親との再会をきっかけに、スリナムの歴史と文化、とりわけ宗教的な秘儀を探り始める。徒歩でヨーロッパを横断し、西アフリカを放浪して、スリナムへ。かつて奴隷だった祖先の奪われた声を求めて考古学者、ダンス教師、独立運動活動家らの証言を集める。彼の小説はフィクションとノンフィクション、そして旅行記の融合だ。

ケヴィンもラウールも、苛烈な現実へ自己を供犠として差し出すように物語を紡いでゆく。歌うだけの詩人には、その姿が痛々しくも眩《まぶ》しい。

アメリカ　アイオワ・シティー

共同体と最小単位

アイオワ大学の国際創作プログラム（ＩＷＰ）では、参加している作家同士だけではなく、大学院生との交流も盛んだ。マスター・オブ・ファインアーツ（ＭＦＡ）と呼ばれる修士課程で、フィクション・詩・翻訳の三部門がある。入学審査はこれまでに書いた作品、卒論は在学中に書く詩集や小説の原稿。この修士号を取れば他校のＭＦＡでも教えることができるが、真の目的は作家としてデビューすることだ。

驚いたのは二年間の学費が無料だということだ。そのうえ生活費まで支給される。作家志望者には夢のような話だが、それだけにとびきり優秀な学生が集まっている。僕たちＩＷＰの作家とも対等に議論するし、彼らから教えられることの方が多いくらいだ。若い物書き仲間という感じである。

ＭＦＡの下には文学部の学部生がいる。彼らの授業にもちょくちょく顔を出し、特別講義をすることも。アイオワ大学は特に日本文学科が充実しているが、その中心にいるのがケンダル・ハイツマン教授だ。彼は今年の夏まで東京に研究留学していて、学生の詩のイベントに参加することも多かった。そこで今度はアイオワと日本の学生たちをつなぎ、互いの詩を翻訳・朗読しようという話になった。十四時間の時差を乗り越え、こちらは夜遅く、日本は午前の教室にそれぞれ五十名以上が集まる計画で、ＩＷＰの作家も大勢参加してくれることになりそうだ。

つまりここには学部、ＭＦＡ、教授陣を中心とする文学創作の組織体があり、ＩＷＰもその一メンバーなのだ。さらに外部には国内外の大学との緊密なネットワークが広がっている。また内部にはその活動を支える諸機能が衣食住含めて充実しているが、なかでも知の中枢としての図書館の存在は重要だろう。ありがたいことにヨシこと原田剛志さんという日本研究司書がいて、ヨシに頼めば日本の古書も含めてどんな資料もたちまち手元に揃う。

いわば無数の関係性が重なりあう巨大な共同体だが、その最小単位はあくまでも、一篇の詩を挟んで向かいあう一組の書き手と読み手なのである。

スペイン　サン・シモン島

脱出不可能の無人島

ポルトガルとの国境に近いスペインの港町ヴィゴの、深く入り組んだ湾のなかにサン・シモン島はある。長さ二百五十メートルの小さな無人島で、古くは修道院として使われてきたが、十九世紀にはハンセン病患者の隔離施設となった。スペイン内乱中は政治犯の強制収容所となり、拷問と虐殺が繰り返された。島からは対岸の本土が間近に見えるが、潮の流れが速くて脱出はまず不可能。娑婆《しゃば》が目と鼻の先だけに、孤絶の寂寥《せきりょう》がいっそう身に沁《し》みる。

二〇一五年秋、この島に七人の詩人が運ばれてきた。詩人たちを波止場で下ろすと小舟はさっさと帰ってゆく。あたりには深い静寂。国の重要文化財に指定されているため整備は行き届いているが、非日常の異界に置き去りにされた心細さだ。

ここに籠って互いの詩を訳し合おうという計画なのである。メンバーはスペインからエステイバリツ・エスピノザとジョセフ・ロドリゲス、国外からはマケドニアのニコラ・マジロフ、イスラエルのタル・ニツァン、米国在住のイラン人ショレー・ウォルペ、そしてドイツ在住の日本詩人。この企画を主催したガリシア語詩人ヨランダ・カスターニョは、漂着した六人を迎える島の女王とでもいうべき存在で、滞在中僕らの生殺与奪の権を握る。

詩人たちの宿舎及び仕事場は石造りの立派な館である。ハンセン病患者を隔離していた時代に建てられ、内乱中は刑務所の事務棟として使われていたという。あてがわれた個室の窓から対岸を望むと手前の海に潜水夫が頭を突き出している。と見えたのは銅像で、この辺りに沈んだ船の埋蔵品を求めて一攫千金を狙うダイバーを模したものだとか。潮が満ちると潜水夫はふたたび水底に沈み、外界は遠ざかる。

とっぷりと日が暮れたころ女王に呼ばれて階下に集まると、食堂に晩餐《ばんさん》が用意されている。本土から料理人がやってきたのだそうだが、すでにその姿はない。七人にはいささか広すぎる室内にナイフとフォークの音が響く。孤島の闇に死者たちの気配が息づく。明日は七時起床だと女王が宣《のたま》う。

スペイン　サン・シモン島

スペインの俳句

スペインの無人島、サン・シモン島で迎えた最初の朝、どこからか朗々たるアリアの歌声が聞こえる。地元の詩人エスティバリツ・エスピノザの部屋からだ。ずいぶん大きな音でラジオをかけるものだと呆《あき》れていると、なんと自分で歌っているのだと分かる。彼女は詩人にしてオペラ歌手、科学と詩の融合を目指し、多様なメディアを操る新世代のアーティストだ。

階下で朝食を取る。昨夜の食堂とは別の大きな部屋だが、いるのは僕ら七人の詩人だけ。トーストを焼き、二つに切った生のニンニクを擦りつけ、そのうえにおろしたトマトを載せる。アンダルシアのオリーブにバレンシアのオレンジ。この上なく美味なる食事だが、かつてハンセン病患者や政治犯が隔離されていた島の歴史を思うと複雑な味がする。この建物のこの部屋で、時々の支配者も同じ朝食を取ったのだろうか。

いよいよ作業が始まる。主催者のヨランダは裏方に徹し、六人の詩人が互いの詩をそれぞれの母語に訳してゆく。エスティバリツは「動物の染色体のある五つの俳句」なるものを出してきた。スペインはヨーロッパのなかでも俳句が盛んだが、向こうの五七五は音ではなく音節で数えるので、日本語に直訳すると三行くらいの短詩になる。それを無理やり圧縮する。

冬陽浴び兄の仕草《しぐさ》で目を顰《しか》め

冬肥えて咲く染色体ひとり産

祖母もまた魚卵となりし秘密箱

最後の句には（マリーおばあちゃんの himitsu bako）なる詞書がついている。彼女の祖母が日本の木箱に大切なものをしまっていたのだそうだ。

カタルーニャ州の詩人ジョセフ・ロドリゲスも日本の古典に造詣が深く、特に蕪村が好きだそうだが、彼の詩はどれも端正な自由詩だ。

僕は手のひらを開いたり閉じたりする
これって詩と同じじゃないかと考えながら。
それには値しないのに受け取ること
誰かほかの人の体へ入ってゆくこと。

題名は「B＋」。献血をしながら思いついた詩だそうだ。

スペイン　サン・シモン島

小さな村で世界の宴

無人のサン・シモン島に日が暮れる頃、本土から小舟がやってきた。相互翻訳作業が順調に進んだことの褒美として、島の女王ヨランダは、六人の詩人に娑婆《しゃば》の一夕を許してくれたのだ。連れていかれたのは対岸のカフェだった。ぎっしり人が集まっている。何事かと思いきや、僕らが詩を朗読するのだという。ヨーロッパの一番西端のこんな小さな村で、世界の詩の宴が開かれるとは、ガリシア恐るべし！すると聴衆から日本語で話しかけられてさらにびっくり。なんと近くのヴィゴ大学には日本語科があるのだそうだ。

僕は俄然《がぜん》張り切って日本語を、ほかの五人もそれぞれの母語を響かせる。イラン生まれのペルシャ語詩人ショレー・ウォルペは、十六歳のころ革命によって国を追われ、その後イギリス、トリニダード・トバゴを転々とした末にいまはアメリカで暮らしている。

癒えた筈《はず》の皮膚の下で繰り返し
傷の花を咲かせながら
私達は一体どこへゆくのか？

（「この世界はリンボクの壁を生やす」より）

イスラエルのタル・ニツァンとは以前リトアニアの詩祭で一緒だった。寄宿舎から追い出されるほどのお転婆《てんば》だったというショレーとは対照的に、美しい容貌の奥に重く暗いなにかを感じさせる人だが、詩を読むとその印象に個人と国家が重なる。

冬、警備員は公園の浮浪者達から
毛布を剝ぎ取った。
その一人は再び陽の光を見ることがなかった。
春、印をつけられた家々に誰かが
瓶を投げた。火の手が上がった。

（「宝物」から）

内側に民族と宗教の断絶を抱えるイスラエルの社会を描いた作品だが、この稿を書いている折しも、かの地で新たな戦争が始まった。タルの顔に苦悩の皺《しわ》が刻み込まれるのが目に浮かぶ。無事を祈るばかりだ。

ところがそこへ嬉しいニュースも飛び込んできた。島の女王ことヨランダ・カスティーニョが、スペインで最も重要な詩の賞をもらったのだ。ガリシア語詩人としては一九三〇年の発足以来四人目だそうだ。授賞式では国王自らがメダルを渡すという。

スペイン　アジャリス

ガブ君の「こつこつ」

ガブ君ことGabriel Alvarez Martinezに会ったのはスペイン・ガリシア州のアジャリスだった。日本をテーマとした僕の写真展をお父さんとふたりで観に来ていて、流暢《りゅうちょう》な日本語で話しかけてくれたのだが、かすかな関西訛《なま》りがあった。聞けば地元のヴィゴ大学で翻訳論を学んだあと、神戸大学に三年間留学して、日本語における擬音語の研究で修士号をとったという。（一番好きな擬音語は、自分の名前にちなんで「がぶがぶ」）。いかにも真面目で気の優しい学生という印象だったが、すでに当時から「こつこつ」と日本の現代小説を訳していたようだ。

その後ガリシアに行くたびに会ってはお茶をするようになった。翻訳だけでは食べていけないので、ドイツあたりの日系企業に就職しようかと思っているというので、それだけは止めた方がいいと云《い》った覚えがある。

それが今では村上春樹、吉本ばなな、川上弘美、松本大洋など錚々《そうそう》たる人気作家の小説や漫画のスペイン語訳を手掛ける日本文学翻訳の第一人者だ。この場合の「スペイン語」とは、全国の公用語であるカスティーリャ語だが、彼は並行して故郷ガリシア州の言語でも翻訳をしていて、こちらのラインアップは森鷗外、宮沢賢治、小林多喜二、谷崎潤一郎と実に渋い。そこになぜか四元康祐『偽詩人の世にも奇妙な栄光』などというのが混じっているのが嬉し恥ずかしなのだが、刊行記念朗読会では彼のお父さんとも再会できた。

それにしても売れ筋を全国区で押さえつつ、母語のガリシア語で日本の近代文学に光を当てるとは見事な戦略である。並外れた才能があってこその話だが、それ以上の郷土愛がなければ実行には至らないだろう。

そこで思い出すのはガリシアが誇る二十世紀の知の巨人、ヴィセンテ・リスコだ。その活動は多岐にわたるが、根底にはリスコがガリシアン・ナショナリズムと呼ぶ思想がある。いわゆる国家主義ではなく、郷土主義とでも云うべきか。奇《く》しくもガブ君と出会った写真展の会場も、ヴィセンテ・リスコ財団の建物だった。

郷土愛と異国への憧れ

スペイン　オウレンセ

ヴィセンテ・リスコは一八八四年スペインのガリシア地方に生まれた。絶対王政からの自由を求めて欧州各地で革命を起こした民族的ロマンティシズムの嵐の名残のなかで育ったのだろう。彼もガリシア文化の復興と独立を求め、やがてガリシア・ナショナリズムと呼ばれる運動の精神的支柱となる。

そこには明らかにギリシャ・ローマ文化を源泉とする古典的な汎欧州主義への反発と抵抗がある。その点では二十一世紀の反EU的ナショナリズムの原点ともいえるかもしれない。だがリスコの「ナショナリズム」は、英国の Brexit 運動やドイツの AfD のような右翼政党とは本質的に異なると思う。

「君は言う、ガリシアとはなんてちっぽけだろうと。僕は言う、ガリシアはそれ自体ひとつの世界だ。どんな民族にとっても、故郷とは一にして全なる宇宙なのだと」（『物事の測り方』）と書く一方で、彼は「どんな民族も自分たちのためだけに存在するなどということは出来《でき》ないし、すべきでもない。あるひとつの民族は、普遍的な文化の共同体に属する全人類を代表する存在であるべきなのだ」（『国民主義と政治』）と信じていた。

リスコは政治活動にも拘《かかわ》ったが、本質的には文人であり、文芸活動の傍ら生涯にわたって哲学や心理学の教師であった。生地オウレンセにあるヴィセンテ・リスコ財団には彼の書斎が再現されているが、その膨大な蔵書を見ると、故郷ガリシアを愛する一方で、彼がいかに遠い異国に興味を抱いていたか窺い知れる。エジプト、インド、さらには日本を含む東洋についての著作もある。

自らの内と外を貫くこの双方的好奇心は、リスコの子孫で先年まで財団の理事をしていたルイス・リスコにも引き継がれている。だからこそ彼は極東の詩人の詩や小説、はては写真集まで彼の地で出版し、自ら熊野古道を歩きもしたのだろう。

深い郷土愛と、それに劣らず深い異国への憧れを、なんの矛盾もなく共存させるガリシアの人々と会うたびに、人生の大半を外国で過ごしてきた僕はなんともいえぬ羨望に駆られるのだ。

アイルランド

肉声、そして土の匂い

アイルランドに初めて行ったのはいつだっただろう。マルクをアイリッシュ・ポンドに交換した覚えがあるので、通貨統一のあった一九九九年以前だった筈《はず》。ずしりと重い硬貨に刻まれたEire の文字と竪琴の紋章が旅心をかきたてた。Eire はアイルランドのゲール語名、竪琴は音楽と詩のしるしだ。

だがそこへの道のりは遠かった。ロンドンで乗り換えて南部の都市コークに向かったのだが、ヒースロー空港のアイルランド行き搭乗口は、殺風景なトンネルのような通路を延々と歩いた果てに、陸の孤島のごとく他から隔てられていて、かつての宗主国英国の、旧植民地に対する冷ややかなまなざしを感じないではいられなかった。

だが一歩通路を潜り抜けると、英国とも欧州大陸とも明らかに異なる独自の世界があった。

人々のお喋りが騒がしく、赤ん坊や子どもがやたらに多く、人懐っこい猥雑《わいざつ》さに満ち溢れていた。飛行機に乗りこむ前から、そこがギリシャ・ローマを源泉とするヨーロッパの最西端、はるかな辺境の地であることを実感するのだ。

コークから車でさらに南西部のケリー州へと向かう道のりは、行けども行けども樹木に乏しい平原で、一本道にたむろする牛や羊の群れに何度も行く手を阻まれた。その傍らにはEUのロゴを冠した看板があり、今にして思えば通貨統合を前に巨額の開発支援金が流れこんでいたのだろう。アイルランドは「ケルトの虎」と称される急速な経済成長を遂げつつあった。

当時の僕は詩から遠ざかっていた。日本の現代詩が知的で難解な袋小路に陥っているように感じられて、興味を失っていたのだ。親友の英文学者がダブリンに長期滞在していたこともあって、僕はアイルランドの現代詩を読みはじめた。平易ではなかったが、地に足がついていた。人々の肉声や土の匂いがこもっていた。こんな風に書いてもいいのだ、とハッとした。

アイルランドへ行くたびに、パブのギネスビールやフィドルの旋律に酔いしれながら、僕は少しずつ自分のなかの詩を取り戻していった。

アイルランド　ダブリン

ノーベル賞詩人の昼食

それまでちらちら眺めていた時計の針が正午ちょうどを指すと、詩人は「さあ、もうよかろう」と紅茶を取り下げ、代わりにウィスキーの瓶を持ち出してくるのだった……。

二〇〇六年五月、僕を含む数名の日本詩人と翻訳者は、アイルランドを代表する詩人シェイマス・ヒーニーの自宅に招かれていた。ダブリン近郊の海を見下ろす高台にある、華美ではないが寛《くつろ》ぎに満ちた堅牢《けんろう》な家。居間には書物と家族の写真が陣地を争うようにひしめき合い、庭には妻のマリーの菜園がある。ローズマリー、タイム、ミント、オレガノ……。彼は詩人である前に、ひとりの夫であり父なのだと、家は無言で語りかけていた。

ヒーニーは一九三九年、北アイルランドの農家に九人兄弟の長男として生まれた。北アイルランドはプロテスタントが主流の英国領だが、彼の家は少数派のカトリック。彼が詩人としての地歩を固めてゆく六〇年代後半以降は、北アイルランド紛争がもっとも激化した時代である。彼の詩が、日常的現実と詩の葛藤、芸術性と政治性の相克の両方を背負うことになるのは宿命というべきだろう。

人差し指と親指の間には
ずんぐりしたペンがある
僕はこれで掘るのだ

（村田辰夫ほか訳『シェイマス・ヒーニー全詩集』所収、「土を掘る」部分）

ヨーロッパの最西端、イギリスの植民地にして、新大陸へ大量の移民を送り出した国という、何重もの意味での辺境にあって、ヒーニーは詩の中心へ昇りつめてゆく。八九年には英語詩人として最高の名誉ともいえるオックスフォード大学「詩学教授」に就任、そして九五年のノーベル文学賞。

詩人は昼食のあとも朗読を披露し、巧みな話術で座を沸かせ、サイン付きの詩篇《しへん》カードの土産までくれた。そこには国民詩人という勤めを律儀《りちぎ》に果たしている人の印象があったが、それを支えているのは傍らのマリーなのだった。詩人の死の七年前。到着時には沖合まで続いていた干潟が、いつのまにか窓のすぐ近くまで満ちていた。

アイルランド　ダブリン

噛むんだよ　わたしは

詩人の佐々木幹郎によれば、アイルランドには「パーネルの杖」なるものがある。「代々、文学者に手渡されてきた名誉の印」で、「授与された『杖』は（略）一時期保管して、また次の世代の代表と目される詩人や小説家に譲られる」という（「虹の国へ―アイルランド朗読紀行」より）。いわば非公認の桂冠《けいかん》詩人制度だ。

七〇年代以降はシェイマス・ヒーニーが持っていたが、二〇〇六年五月僕らが彼の自宅を訪れた時には、すでに別の詩人に引き渡されていた。ヌーラ・ニー・ゴーノル。一九五二年生まれ、アイルランドの土着の言葉であるゲール語の詩人である。そのヌーラとも同じ旅の途上で会うことができた。

ゲール語は一応「第一公用語」とされているが、実際の話者は極めて少なくゲールタハトと呼ばれる地域に限定されている。英語ではなく、あえて絶滅の危機に瀕《ひん》した母語で書き続ける女性詩人を、ヒーニーが「杖」の後継者に選んだのは興味深い。彼自身は政治的な危機の中で共同体の代弁者となる宿命を背負ったが、ヌーラは同じことを言語とジェンダーの文脈において引き受けているとも言えよう。

「狐《きつね》」という詩で、彼女は詩人を狐に喩《たと》え、最後は捕らわれ毛皮にされるのがオチだと嘆きつつ、こう警告する。

汝《なんじ》　心せよ
今　手の中にいるのは
おとなしい野兎《のうさぎ》なんかじゃない
山から下りてきた
赤毛の狐
餌をくれる手を
嚙《か》むんだよ　わたしは

（大野光子訳編『ファラオの娘』より）

ダブリンで行われた僕らの朗読会に、ヌーラは来てくれたのだった。その後近くのレストランに移動して、結局夜中の二時まで飲み続けた。一体何を話したのか覚えていないが、孤独を訴える彼女の悲痛な声だけは耳にこびりついている。どんな酒にも消すことのできない深い孤独だ。

あの夜泣いていたのは、ゲール語そのものだったか。ひとつの民族の言語を一身に担うとは恐ろしい仕業だ。だが詩人とは、本来そういう存在なのかもしれない。「杖」に託された権威とその代償は計り知れないほどに重い。

アイルランド　ダブリン

妖精と『Kid』

アイルランドを訪れる歓《よろこ》びは、パブのギネスやケルト音楽の生演奏、一日中メニューにある盛大なブレックファーストなど枚挙に遑《いとま》がないが、書店巡りもそのひとつ。当時ドイツに住んでいた僕にとっては、英語の詩集を渉猟する貴重な機会だった。

詩集を買うとは一種独特の行為である。パンを買うのとはもちろん違うし、小説本を買うのとも微妙に異なる。詩は一回で消化することも消費することもできないと知っているからか。選ぶことでむしろ自分自身が選ばれるかのような、ささやかだが取返しのつかない決断を前にした緊張がある。

ダブリンの大通りに面した古い書店の詩書のコーナーに、ある時ひとりの女の子がいた。ベレー帽にベスト、斜めにポシェットをかけたお洒落な装い、十二歳くらいだろうか。英文学最古の伝承詩と言われるベーオウルフから現存の詩人の最新作まで、ずらりと揃った詩集の壁を前に、彼女はまっすぐ背筋を伸ばして立っていた。まるで英語詩の伝統と革新の総体に、たったひとりで向かいあっているかのようだった。あれはもしかして、詩の妖精ではなかったか……。

サイモン・アーミテージと出会ったのもダブリンの書店だった。もっとも予備知識は一切なし、薄っぺらいペーパーバックをたまたま手に取っただけ。古い遊園地のローラーコースターの白黒写真を配した表紙に『Kid』とあった。その場で立ち読みするうちに、母国語の外で自分と同類の詩人に初めて出会ったという懐かしさと、まったく新しい書き方への驚きが入り混じった、くらくらする眩暈《めまい》を覚えた。

サイモンは一九六三年、イングランド北部ウェストヨークシャー生まれ。非行少年を矯正する仕事や保護観察官として働きながら詩を書き始めた。『Kid』は九二年に出版された彼の第二詩集。六万部以上売れて、イギリス現代詩に新しい読者層を開拓した。そういうことも全く知らぬまま、ドイツへの帰りの飛行機のなかで、僕はそこにある詩を、いつか日本語に移し替えることを夢想し始めてていた。

イギリス

翻訳という道場

ダブリンの書店でイギリスの詩人サイモン・アーミテージの詩集『Kid』に出会ったのは二〇〇二年、その六年後僕は友人の英文学者にしてアイルランド文学翻訳家、栩木伸明との共訳で日本語版『キッド』を上梓する。

その過程で学んだことは計り知れない。サイモンの詩の特徴である「劇的独白」の手法と、その声を正確に再現してみせる栩木の精緻で冷徹な日本語。浮かれがちな詩の言葉に散文的現実の重力を与えることの大切さや、伝統を受け入れた上で大胆に革新してみせる勇気。翻訳、とりわけ詩集を丸ごと一冊訳すという経験は、どんな学校にも勝る「詩人の道場」だった。

わしらは風呂桶《おけ》に水を張り

あいつを沈めて押さえつけた。それから身体を拭き乾いた服を着せて
軽トラックの荷台に積みこんだ。
（「スグリの実のなる季節」より）

たとえばこの詩は風来坊を泊めてやった農家の男の独白だが、この僅か数行の間に風来坊は家族全員の手で殺されているのである。そういう話が詩になるというのも驚きだが、そのためには小説家の醒《さ》めた目と話術が必要だということを、僕はウィリアム・トレヴァーを始めとする数々の傑作小説を訳してきた栩木から学んだのだった。

『キッド』の巻末に栩木は「未公認の桂冠《けいかん》詩人は田舎町の公会堂である」と題した解説を付しているが、サイモンは二〇一九年正真正銘の桂冠詩人に選ばれ、ワーズワースやテニソンなど英国詩人の王道に名を連ねている。

ところでサイモンが生まれ育ったウェストヨークシャーのマーズデンという町の裏手には、ペナイン山脈と呼ばれる丘陵が、英国を南北に貫く背骨のように延びている。その山脈に沿ってマンチェスターの近郊からスコットランド南部まで、四百三十一キロにわたって続くハイキングコースをペナイン・ウェイと呼ぶ。サイモンは二〇一〇年の夏、その全行程を走破したという。しかも現代の吟遊詩人として、詩を朗読することで一宿一飯を恵んで貰いながら。「これ、俺たちも歩いてみないか」と僕は栩木を誘った。

イギリス　ヘブデンブリッジ

シルヴィア・プラスの墓

二〇一八年の夏、僕たち夫婦と英文学者の栩木伸明は、ペナイン・ウェイと呼ばれるイギリスのハイキングコースを歩き始めた。そのきっかけを作ってくれた現桂冠《けいかん》詩人サイモン・アーミテージは、出発地点から五十キロほど北のマースデンに住んでいる。一見穏やかな丘陵だが、天候は変わりやすく一瞬にして濃い霧がたちこめるため、毎年のように遭難者がでるという。

その裏手の丘をさらに数時間北上すると、ヘブデンブリッジという町に着く。ここはサイモンが師と仰ぎ、桂冠詩人の先輩でもあるテッド・ヒューズの生地である。隣村の教会には、テッドの妻シルヴィア・プラスの墓もある。アメリカ人の彼女は名門スミス大学を卒業した後、ケンブリッジ大学に留学。そこでテッドと出会い結婚した。

二十世紀の米国女性詩を代表する書き手の墓を訪ねてみようと栩木が云う。「いささかいわくがあるんだよ」

互いに切磋琢磨《せっさたくま》して名声を高めていった詩人夫婦だが、やがて破局がやってくる。二人目の子供が生まれた直後にシルヴィアはテッドのもとを離れ、翌一九六三年二月自殺をする。寝室で眠る子供たちのためにドアに目張りしたうえで、ガスオーブンに頭を突っ込むという壮絶な死に様だった。

果たしてシルヴィアの墓石には、Hughesの姓を削り取った跡があった。彼女の死をテッドのせいだとする熱狂的な読者の仕業らしい。そこには英国と米国との間の文学的覇権争いと、過激なフェミニズム主義者の男性性への憎悪が絡まりあっているようだ。

墓地には首からカメラをぶら下げた地元の老人がいた。毎日ここでシルヴィアの墓を見守っているという。僕らの写真も撮らせてほしいと頼まれた。人はえてして詩よりも詩人の不幸に惹《ひ》かれるものらしい。

世間からの非難の声に長い沈黙を守ってきたテッドだが、死の直前、シルヴィアとの苛烈な関係を赤裸々に綴った『Birthday Letters』を発表した。五十万部を超える大ベストセラーとなったその詩集は、ふたりの子供フリーダとニコラスに捧げられている。

イギリス　ハワース

ブロンテ姉妹の物語

ヨークシャーの丘陵をさらに北にゆくと、ハワースの町に出る。ここは『ジェーン・エア』や『嵐が丘』などを書いたブロンテ姉妹の故郷として有名だ。周囲はなだらかだが独特の荒々しさを秘めた牧草地で、人間よりも羊や牛の数の方がずっと多い。姉妹の小説世界を彷彿《ほうふつ》とさせる光景だが、僕たちの道中にも『嵐が丘』の舞台となった建物の廃墟《はいきょ》が残っていた。

町の中心には姉妹が暮らしていた牧師館があり、観光バスがひっきりなしに到着する。その日は混雑を避けて町外れのB&Bに泊まることにした。とは言え古い歴史を感じさせる石造りの洋館である。荒涼たる丘を霧や雨、時には真夏の雹《ひょう》に打たれながら歩いてきた僕らの目には、ブロンテ姉妹の館にさまよいこんだかのようだった。

一夜を明かした翌朝、宿の主人であるスティーブ・ブラウンが驚くべきことを話し始めた。

この屋敷はブロンテ一家の親戚筋の所有していたもので、少女時代の姉妹はしばしばここで自由なひと時を過ごしたというのだ。

「よろしければご案内しましょう」

スティーブの後について薄暗い階段を上り降りするうちに、窓から朝陽の射しこむ寝室に出た。「エミリーはここで寝起きしていたようです。この窓を描いた彼女の絵が見つかったのです」スティーブは複製写真を見せてくれた。「つい最近発見したのですが」とひときわ声に熱が籠《こも》る、「窓に男性の姿が描かれているのです。ほら、ここのところ！」絵は彼女自身の物語の挿画として描かれたものらしい。

朝食をとっているとスティーブが再び僕らを驚かせた。「ところであなたは詩人ではありませんか？」妻のジュリーが僕の英訳詩集を持っているので、宿帳の名前からピンときたのだという。早速その詩集に彼女の名前を添えてサインしたが、結局最後までジュリーは姿を見せなかった。「家内はとても内気な性格なのです」スティーブは詫《わ》びるようにそう言ったが、果たして本当にそうだったのか？　なにやら奇譚《きたん》めいていて、すべてがブロンテ姉妹の物語のなかの出来事だったようにも思えるのだ。

イギリス　ニューキャッスル

旅するビスケット缶

英国ヨークシャーの洋館で、思いがけずブロンテ姉妹の面影を垣間見たのは二〇一九年夏。ちょうどその百年前にメアリー・ミジリーは生まれ、第二次大戦中のオクスフォード大学で哲学を学んだ。同級生には後に小説家となるアイリス・マードックも。卒業後、結婚と出産を経て、生涯ニューキャッスル大学で哲学を教え続けた。

ミジリーの哲学は、対象の分離分析ではなく、むしろ異なる者同士の統合を目指す。理性と本能、人間と動物、都市と自然との観念的な対立を取り払い、関連と連続性を見出すことで実践的な道徳指針を提示した。実際彼女は英国の公共政策に、哲学者として、またガイア理論に基づく環境主義者として深く関与してきた。

その薫陶を受けた二人の女性哲学者、レイチェル・ワイズマンとクレア・マックールから、ミジリー生誕百年を祝うプロジェクトに参加しないかと誘われたのは、初夏の頃だったか。ミジリーは研究室にビスケットを常備していて、学生や同僚とお茶をしながら哲学を語り合った。その愛用の缶に世界中を旅させ、十二の都市の哲学者と詩人に、ミジリーの思想をめぐる十二のテーマを語らせるという企画、題して「ビスケットの缶の中の手紙」。

旅の出発はもちろんニューキャッスルだ。九月半ば、街のビスケット工場でミジリーの友人だった詩人が「愛」について語り、書下ろしの詩を缶につめて、オクスフォード（テーマは自己）へと送り出した。その後リバプール（詩）、ロンドン（理性）、カナダのキングストン（子供）、ニューヨーク（全体）を経てアイダホ（芸術）に着いたのが翌年三月。

その次が東京で、若きハンガリー人哲学者イシュトヴァン・ザルダイと僕が「本能」について語る予定だったのだが、コロナの直撃で思わぬ足止めを喰《く》らった。そこで僕らは往復書簡を交わし、連作詩を書いて、ミジリーに捧げる一冊の書物に仕立てた。個の魂の深部に宿る詩と、それを公に開こうとする哲学の幸福な結合を載せて、缶はニューキャッスルに戻っていった。

日本　東京

白か黒かを退けて

缶入りビスケットを愛したひとの哲学は
詩とともに午後を過ごす
観念よりもひとりの生きた人間にお茶を淹《い》れてもらって

窓の外では、鳥が飛び立つたびに
木の梢《こずえ》と空の深みの境目が溶けて混ざり合う

英国の哲学者メアリー・ミジリー生誕百年を記念して、世界各地で十二組の詩人と哲学者が語り合うという企画に僕が寄せた詩の一節である。

「自己」「理性」「詩」「子供」など彼女の哲学の中心的な概念が各地のテーマとして割り振られた。若きハンガリー人哲学者イシュトヴァン・ザルダイと僕の東京チームは「Instinct（本能）」。僕はとっさに「Intuition（直観）」と誤解して引き受けたのだが、参考図書に指定されたミジリーの著書『獣と人間』は「人間には本性というものが生来的に存在するか」という問いをめぐって、コンラット・ローレンツやデズモンド・モリスなど動物行動学者の文献引用に満ちたものだった。

ミジリーの立場は明らかに「する」だ。「動物はわれわれ自身が属している集団」であり、人間は「動物そのもの」と断言する。一方、プラトンからデカルトを経てヒュームへといたる西洋哲学は、圧倒的に反対の立場だ。そこでは精神と肉体、理性と感情、善と悪などとともに、人間と獣は徹底した二項対立において捉えられてきた。だがそういう白か黒かの議論の在り方こそ、ミジリーがもっとも忌み嫌うものだった。「二元論では人間の活動は到底捉えられない……私たちはまず人間とそれ以外の種との連続性を探しださなければならない」

その論調は緻密で堅牢、読み進めるうちに自分自身がいかに西洋的二元論に毒されてきたかを痛感した。そして詩もまた、言語の論理性と身体的直観の、分裂ではなく統合の産物に他ならないと思い至るのだった。冒頭の詩を、僕は次のように締めくくった。

日が暮れると
詩は帰ってゆく　言葉の井戸の底で
死者たちの声を聴くために

哲学はビスケットの缶を仕舞って
私たちの方に向き直り
生きるための知恵について語り始める

日本

快速はまゆりの乗客

二十代半ばで渡米したきり還暦を迎えるまで帰って来なかった僕は、世界各地を訪れたものの、日本のことは何も知らないも同然だった。北海道や沖縄は言うに及ばず、日光以北には行ったことがなかったし、奈良京都だって修学旅行で訪れた程度だ。

二〇二〇年の暮れ、思い立って旅に出た。上野駅から北へ向かう、決めていたのはそれだけだった。花巻から遠野を経て、三陸海岸沿いに釜石、大船渡、気仙沼、仙台へ。宮沢賢治のイギリス海岸に降り立ち、車窓の彼方《かなた》に早池峰《はやちね》を仰ぎ、遍在する避難路の矢印とどこまでも続く真新しい防波堤に、十年前は海の向こうから見守るしかなかった震災の痕跡を見た。僕の目にそれは外国のどこよりも美しく、悲しく、そしてエキゾチックに映った。

これまで自分が知っていると思っていた日本とは、実は明治以降の近代化のなかで急場拵《ごしら》えされた虚構、幻想ではなかったか。東京を臍《へそ》とする中央集権国家をくるりと裏返したら、そこにはよりリアルで普遍的なもうひとつの日本がありはしまいか。遅すぎる帰朝者は、生まれて初めてそんな素朴な疑問に囚《とら》われるのだった。

快速はまゆりが停まるたびに
山男・山女らは　ひとりまたひとり
降りてゆき、着いたときにはもう、車内には
人間しかいないのだった

（『シ小説・鮸膠《にべ》』から）

「ある英国人詩人が佐渡島を舞台とした映画を作っています。作中歌の翻訳に協力していただけませんか？」

知り合いからそんなメールが届いたのは翌年早々だった。詩人の名はジョン・ウィリアムズ。日本在住は三十余年に及ぶが、英語で詩を書き続けている。なんだか自分の鏡像のようだ。佐渡の北端、北鵜島《きたうしま》という漁村に惚《ほ》れこんで、何十回と通いつめて村人と昵懇《じっこん》になり、記録映画や劇映画を撮ってきた。今回は英国ウェールズの詩人ディラン・トーマスの詩劇「アンダー・

ミルクウッド」を、佐渡を舞台に翻案するという。「Sado」の響きに心が動いた。撮影現場を訪れることを条件に、僕は翻訳を引き受けた。

日本　佐渡島

佐渡とウェールズ

初めて佐渡を訪れたのは二〇二一年春のこと。佐渡に魅せられた英国詩人ジョン・ウィリアムズは「北鵜島《きたうしま》に行くなら二ツ亀でバスを降りて、大野亀経由で海岸沿いに歩くといい」というメールをくれたが、その口調は助言というより監督の指示に近かった。彼はここで映画を撮ろうとしているのだった。宿について訊《たず》ねると「一軒しかないからすぐに分かる」。

バスに乗る前、真野の町を歩いていると、黄色いホタテ貝の看板が目についた。サンティアゴ巡礼のシンボルだ。彼の地に惚《ほ》れこんだ若い夫婦が経営するカフェだった。佐渡は世界に向かって開かれている。そこで作って貰ったガリシア風サンドイッチを腰弁当に、北鵜島へ向かった。

宿の主人の北村佐市さんは、代々ここで暮らしてきた一族の末裔《まつえい》で、車田植《くるまだうえ》と呼ばれる国の

重要無形民俗文化財の継承者である。以前は村長も務めていたそうだ。今はひとりで宿を切り盛りしている。刺身、ワカメ、ワラビなど夕食のおかずは、どれもその日に彼が海と山から採ってきたもので、お米はもちろん車田植の賜物《たまもの》だ。痛そうに片脚をひきずる北村さんのなかには、北鵜島の自然と歴史にまつわる膨大な情報が刻みこまれているのだった。

「今度映画に出るんですって?」というと「ジョン先生に口説かれちゃって」と満更でもなさそうである。

映画は北鵜島を彼の故郷であるウェールズの地に結び付ける翻案ものだった。下敷きとなるのは、ウェールズの詩人ディラン・トーマスの「アンダー・ミルクウッド」。架空の漁村を舞台に、盲目の船長キャットを中心とする生者と死者の声が混ざり合う朗読劇である。死者との応答と言えば能が思い浮かぶが、佐渡は世阿弥の流刑地。宿の前には、広大な海を背に、能舞台さながらの岩場が広がっている。

映画「旅」はこのほど完成した。またひとつ佐渡と世界を繋ぐ糸がかけられた。だがジョンの情熱は止まらない。今度は内外の芸術家を北鵜島に招いて、地元の人たちと共同制作を行う壮大な計画を練っているようだ。

日本　東京

オープンマイクの幸福感

三十数年ぶりに日本に戻ってきたのは諸般の事情という奴で、必ずしも本意ではなかったが、唯一楽しみにしていたのは同じ言語で詩を書く者たちに会うことだった。世界中に詩友は出来たが、日本の詩人とはもっぱら手紙と著書のやり取りだけだったのだ。

ところが待っていたのはコロナ禍のステイホーム。やっぱり会うに会えない。ならばと始めたのがズームの画面越しのお喋り。ただの雑談ではつまらないのでテーマを決めて語り合い、詩を朗読しよう。せっかくだからほかの友人知人とも共有しよう。ズームなら録画機能もついている。

Poetry Talks（詩は語る）と題したオンラインイベントを、月二回ずつ約一年、都合二十四名の詩人と話したあたりでコロナが明けた。するとそれを待ち構えていたかのように、ライブハウスでの演奏会にゲストとして誘ってくれたミュージシャンがいた。二人組のバンド「sofabed」だ。ふたりとも詩が好きで、特にキーボードのネジ氏は初版本を買い求めるほどの戦後詩マニア。彼らと一緒に、東京・大久保のライブハウス「ひかりのうま」で、詩と音楽のイベントを始めた。

トークだけだと小難しくなりがちだけど、そこにナマのドラムが打ち鳴らされ肉声が響きわたると、俄然《がぜん》詩が元気になって踊りだす。客層も音楽好きと文学好きとが混ざり合う。

半年ほど続けたとき、ある異変が生じた。イベントが無事終わり、さてビールでも飲もうかと思った矢先、ひとりの少女がステージに残されていたマイクの前に歩み出て、自分の詩を読み始めたのだ。彼女が終わると別の若者がそれに続いた。結局終電間際まで、その場にいたほとんどの人が自分の声を発することに。そのたびに全員が静まり返って耳を澄ませた。

以来、イベントの後の「オープンマイク」が恒例となる。若きも老いも、有名無名も一切区別されない詩の解放区だ。その渦に身を委ねていると、言い知れぬ幸福感に包まれる。この一瞬こそが自分の真の故郷なのだと感じる。ようやくそこへ帰ってきたのだと。

日本　東京

インカレポエトリの風

　ここ数年大学で詩を教えている。古今東西の詩と詩人を、学問の対象としてではなく、実作者の観点から味わい、語り合うという授業なのだが、最初は学生たちの反応に戸惑った。能面のような無表情、質問や発言もほとんどなし。海外の学校で出前授業をしたことは何度もあったが、教室に詩人を迎えた生徒たちはどこもウキウキざわざわだったから、その落差に愕然《がくぜん》とした。日本の学生は、受験地獄の成れの果て、ロボットと化したのか。

　だが回を重ねるにつれて見えてきた。無反応は柔らかな内部を護《まも》るための硬い殻、それほどまでに他者との接触に怯《おび》え、自らの素顔を曝《さら》け出すことを恐れているのだと。オンライン授業のカメラをオフにし、対面でもマスクの背後から目だけ光らせているのが象徴的だが、それは現代日本社会の縮図でもあるかに思えた。

果たして能面の裏側には苛烈な感情が秘められていた。自由詩という形無き形式を得ることで、それは外界へと迸《ほとばし》り出た。学生たちは自ら詩を書くことを欲していたのだ。そして有名な詩人の作品より、隣に座る同級生の詩に自分自身の姿を見出した。

「四元さんもインカレポエトリに参加してみない？」そう誘ってくれたのは早稲田大学で詩を教えていた伊藤比呂美さんだった。慶応大学の名誉教授でもある詩人の朝吹亮二さんたちと一緒に、二十校近くの大学を横断して、学生たちの詩の雑誌を出しているという。半年毎に、数百編にのぼる候補作を読みこみ、侃々諤々《かんかんがくがく》採否を議論し、編集から出版、配送まで、すべて各大学で教える詩人たちの無償の奉仕だ。

僕にはそこまでの教育的情熱はないからと尻込みするうち、自分の教え子たちに引きずりこまれた。やっぱり大変、でもそれを上回る歓《よろこ》びが待っていた。何人かの学生の詩は掛け値なしに素晴らしかった。たとえ拙《つたな》くても、詩が芽吹き、詩人が誕生する現場に立ち会うことで、自分のなかの詩もまた若返るかのようだ。経済的合理性最優先の現代を生き延びるための自由の風が、大学の教室を吹き抜けてゆく。

日本　東京

この身体は誰のもの

大学で詩の実作を教える詩人たちが、教え子の作品を編んで年二回出版しているアンソロジー『インカレポエトリ』。過去の掲載作品から印象に残っているものを見てみよう。

バンソーコーに付属しているガーゼがめいっぱい血に染まっている、三枚も重ねて貼っているのに、この身体は誰のものなんだ
わたしはいま、あの時のカマキリになりたい
知る由もないところで規模のデカい何かに手の上で転がされてどうにでもなれよ

（青山学院大学　石田江利果「血も涙も」）

何かと必死で戦いながら、書くことで生き延びようとしている姿が伝わってくる。カマキリの一行が切実だ。

国歌斉唱。国民は起立！
（クリックして一括購入できます。止まりません。ほしいものができます。高揚を出力する、真空の機械に。眩暈《めまい》の渦の真ん中、光の濁流にのまれ、銃声はかき消されました。だから安心してお買い物をお楽しみいただけます。
わたしたちは幸せです。なんでも手に入ります。）
国歌斉唱。幸福な者は起立！

（法政大学　村瀬真秀子「自動機械」）

日本の現代詩に希薄な社会性や批評性が、軽快な語り口で、だが辛辣なイロニーとともに表現されている。

ひた隠しにしている流血の

そこのみにて剝き出しになった姿
寡黙な鬱憤の終点　秘めごと小箱
その一手間ができないほどの胸騒ぎ
包めないのは包まれていないから　そう、彼女自身が
紅く染まった「この野郎」
（中略）
ピンヒール　折れないうちに脱ぎ捨てろ！

（法政大学　遠藤寛奈「鬱憤の終点」）

トイレの個室に投げ捨てられていた使用済み生理用品に衝撃を受けて書いた。就活のなかで商品化されてゆく自身の鬱憤が重ねられている。

これらの作品に通底する不安と怒りは、最近香港の大学生たちが書いた連詩にも感じられる。その一節。

人々は運命に遭遇して
マッシュポテトと化してしまい
河のように流れだす
（中略）
空は氷河に凍りつき
狂おしい鳥の囀《さえず》りは隕石《いんせき》と化して
虚空に吊《つ》り下げられている

（匿名「春」）

ミャンマー

波間の「証言」を拾う

二〇一九年秋民主化運動に揺れる香港を訪れた。土地の詩人たちは眦《まなじり》を決して反体制的な詩を発表していたが、翌年夏国家安全法が強引に施行されると、沈黙や国外退避、あるいは難解で暗喩《あんゆ》に満ちた文体への変更を余儀なくされた。検閲を逃れるためだ。

二一年二月一日にはミャンマーで軍事クーデターが起こった。民主化を求める圧倒的な民意を根底から覆す暴力沙汰《ざた》だった。その数日後から僕のところに一斉メールが届き始めた。差出人はミャンマーを代表する詩人のコウコウテッ、内容は彼が英訳したミャンマーの現代詩。反体制運動に加わって虐殺された同胞詩人を悼む悲痛な挽歌《ばんか》や、絶望的な状況を笑い飛ばす苛烈なイロニーの作品の数々を、コウコウテッは抵抗詩ではなく、もっと広い文脈をこめて証言詩と呼んでいた。

その多くは匿名で、元々ネット上にアップされたものだった。だが作品に籠《こ》められた現実と感情はリアル極まりなかった。遠いどこかで遭難した誰かが、壜《びん》に詰めて波間に投じた必死のメッセージに違いなかった。たまたまその一つが僕の浜辺に流れついたのだ。捨てておくわけにはいかなかった。

日本語に訳すことを呼びかけると、歌人の三宅勇介、翻訳者の吉川凪、そして詩人のぱくきょんみ、柏木麻里、大崎清夏が応えてくれた。フェイスブックで発表すると、在日ミャンマー人を中心に多くの人から反応があった。詩の雑誌が特集を組み、出版社が書籍化の名乗りをあげてくれた。

内容の不明点についてはコウコウテッとズーム会議を重ねたが、ミャンマーの地名人名の日本語表記にはお手上げだった。「Ma Pan Khet に相談してみたら?」コウコウテッによれば日本人で、現地では「詩人の母」と呼ばれ、ミャンマーの物書きで知らない者はない存在だという。

果たしてその正体は南田みどり、大阪大学名誉教授。軍事政権下の現地に何度も足を運び、作家たちへのインタビューや取材、そして支援を重ねてきたミャンマー文学者だ。二〇二三年夏、炎天下の大阪にぼくは彼女を訪ねた。

そして、旅は続く

地球という一座

ミャンマーの「詩人の母」こと南田みどり氏は、ミャンマー証言詩集『いくら新芽を摘んでも春は止まらない』の日本語訳版の監修だけでなく、詳細な解説まで書いてくださった。八〇年代後半以降、言論統制が強まるにつれて、ジャーナリズムや小説に代わって「モダン」と呼ばれる自由詩が盛んになったとある。

革命の花が咲く前に
一発の銃弾が誰かの脳みそを
路上にぶちまける
その頭蓋骨の叫びが君に聞こえたか？

この詩「頭蓋骨」を書いたケーザーウィンは、その十日後の二一年三月三日、デモの最中に路上で射殺された。

女たちの口は語る
女たちの両手は広げられる
女たちは自らの命を質に入れる
血に染まったアスファルトの路上に倒れた
夫や息子たちのために

（ミチャンウェー「残余の生」）

現実が苛酷《かこく》になればなるほど、比喩と多義性に満ちた詩の言葉は、その現実を乗り越える力を増してゆく。

「たかが世界の終わりじゃないか。がたがたすることないって」
そういうと彼は煙草の灰をはじき落として

そのまま自分を揉み消した

（「終末」）

これは香港の詩人阮文略の作品。その最新詩集『物種形成』には、なんとミャンマー証言詩集英訳版の編訳者であるコウコウテッが序文を寄せているではないか。ミャンマーと香港の間には詩的連帯が生まれているらしい。

日本は平和で安全、詩など無用の長物とも見えるが、南田氏の著作によれば、ミャンマーの戦後文学には、日本軍占領下での「文化政策」が微妙な影を落としている。日本の「経済支援」が軍事独裁の延命を助けてきたという指摘にもハッとさせられる。

私達の現実には縁起の網が張り巡らされているが、詩も時空を超えた共同体を営んでいる。古今東西すべての詩篇《しへん》は、ひとつの長大な詩の部分であり、すべての詩人は終わりなき連詩の連衆《れんじゅ》なのかもしれない。人類の名のもとに、地球という一座を寿《ことほ》ぐ。

初出　日本経済新聞朝刊（二〇二二年四月三日～二〇二四年三月三十一日）

写真　四元康祐
装丁　アルビレオ

四元康祐　よつもと・やすひろ

一九五九年大阪生まれ。八二年上智大学文学部英文学科卒業。八六年製薬会社の駐在員としてアメリカに移住。九〇年ペンシルベニア大学経営学修士号取得。九四年ドイツに移住。二〇二〇年、三十四年ぶりに生活の拠点を日本に移す。『世界中年会議』で山本健吉賞と駿河梅花文学賞、『噤みの午後』で萩原朔太郎賞、『日本語の虜囚』で鮎川信夫賞を受賞。ほかの詩集に『ゴールデンアワー』『小説』『シ小説・鮑膠』『ソングレイン』など。『フリーソロ日録』『龍に呑まれる、龍を呑む――詩人のヨーロッパ体験』などの詩文集、『偽詩人の世にも奇妙な栄光』『前立腺歌日記』などの小説、『谷川俊太郎学　言葉ＶＳ沈黙』『ホモサピエンス詩集――四元康祐翻訳集現代詩篇』『ダンテ、李白に会う　四元康祐翻訳集古典詩篇』『ミャンマー証言詩集　１９８８-２０２１　いくら新芽を摘んでも春は止まらない』などの詩論、翻訳まで著作は多数。

詩探しの旅

二〇二四年十一月十五日　第一刷

著　者　四元康祐

発行者　中川ヒロミ
発　行　株式会社日経ＢＰ
日本経済新聞出版
発　売　株式会社日経ＢＰマーケティング
〒一〇五-八三〇八　東京都港区虎ノ門四-三-一二
印刷／製本　錦明印刷
ISBN978-4-296-12125-0　Printed in Japan

本書籍に関するお問い合わせ、ご連絡は左記にて承ります。
https://nkbp.jp/booksQA